LA CONSCIÈNCIA DE SER VALENCIANS

Josué Ferrer

Primera edició: Juliol de 2012 (Amazon).
Títul: La consciència de ser valencians.
Autor: Josué Ferrer.
Pròlec: Josep Esteve Rico Sogorb.
Edició: Josué Ferrer.
Correcció: Joan Ignaci Serrano.
Portada: Mat Yan (matyan90@gmail.com).

ISBN: 9798848962680.
Depòsit llegal: V-1009-2007.

Correu-e: josueferrer7@hotmail.com

Fet en Valéncia / Made in Valencia.

ÍNDEX

ADVERTÈNCIA

Este llibre està escrit en autèntica llengua valenciana, en les Normes de la Real Acadèmia de Cultura Valenciana (RACV).

Josué Ferrer

AGRAÏMENTS

Aprofite per a donar les gràcies a Joan Ignaci Serrano, per les correccions llingüístiques; a Josep Esteve Rico, pel pròlec; i a Ignassi Gallego, per la primera portada.

DEDICATÒRIA

Dedicat a Salvador Ferrer, Cecília Ortells, Cécile Ferrer, Rosa Ferrer, Bernat Gisbert, Shaila Gisbert, Jèssica Gisbert i Adrià Boj.

"L'art de véncer es deprén ab les derrotes".
Simón Bolívar (llibertador de Veneçuela, Colòmbia,
Equador, Perú i Bolívia).

Josué Ferrer

PRÒLEC

Quan l'autor d'este llibre, Josué Ferrer, m'encarregà el pròlec vaig sentir emoció per considerar el detall tot un honor i al mateix temps experimentí una gran responsabilitat perque el tema de l'obra ademés de complex és molt seriós, puix es referix a una qüestió que condiciona, des del passat, el nostre futur com a poble.

No soc politòlec ni sociòlec pero crec que des de la meua experiència en la temàtica dels nacionalismes i dels seus territoris –orígens, evolució, actualitat i futur– per mig de l'investigació històrica i la meua vinculació en el valencianisme –tant en la corrent regionalista com en la via nacionalista- puc fer una introducció i una crítica de l'obra i de l'autor mínimament acceptable. És per això este pròlec tot un difícil repte per a mi i confie estar a l'altura. Encara que no espereu un pròlec de catedràtic sino el d'un valencianiste d'a peu, de poble pla, del carrer.

Ningú –i manco encara yo– es pot atribuir el monopoli o l'exclusivitat del valencianisme, siga este nacionaliste o regionaliste, pero podem opinar, presentar idees, teorisar, fer anàlisis, reflexionar, etcétera.

L'obra no és un tractat. No és un cos doctrinal –encara que algunes de les reflexions que l'autor aporta serien dignes punts ideològics en un manual o "catecisme" del valencianisme i en este cas, del nacionalisme valencià i per tant valencianiste. Este llibre és un ensaig. Si Boro Vendrell ya teorisà en la seua obra *Introducció al Valencianisme* –considerada en acabant del llibre de Faustí Barberà com un autèntic i actualisat manual o tractat doctrinal del valencianisme d'obligada llectura per a tot aquell que vullga iniciar-se; ara, Josué Ferrer ve a enriquir qualitativament la biblioteca del nacionalisme valencianiste del segle XXI.

L'autor és un jove valencià inquiet, actiu i implicat en la busca i la defensa de lo nostre pero al mateix temps és un curiós incorregible... sempre furgant, escorcollant explicacions i 're-descobrint' solucions a la problemàtica situació del valencianisme actual.

Una característica personal de Josué Ferrer –crec que resulta determinant i fonamental per a valorar molt més encara l'obra– és que va créixer i viure com a castellaparlant fins l'adolescència, fins recentment, com un panespanyoliste convençut i evidentment distanciat del valencianisme i de la seua problemàtica que li resultava lluntana i pràcticament desconeguda. Pero ell es va convertir a la "fe valencianista". I va prendre lliçons de valencià. I deprengué a diferenciar la nostra llengua. Ara ya és un valenciaparlant més i un gran valencianiste de cor, de pensament i d'ànima; tant com qualsevol dels naixcuts en llars valenciaparlants de "soca i arrel". Lo de Josué és meritori sense dubte.

Tot açò li fa hui encara més mereixedor de la nostra admiració i reconeiximent, puix és excepcional guanyar per a la causa del valencianisme a un expancastellaniste espanyoliste i monolingüe usuari de la parla cervantina. Resulta més habitual guanyar nous valencianistes des de lo valencià i, llògicament, entre la població valenciaparlant.

Josué ha evolucionat des de lo castellà a lo valencià per sí mateix per mig de l'observació i fins a l'autoconvenciment passant des del panespanyolisme i centralisme castellaniste cap al nacionalisme valencianiste més crític, combatiu i compromés. No resulta fàcil. Açò és una heroïcitat en estos temps de globalisació i hegemonia prepotent centralista estatal versus els territoris perifèrics com la terra valenciana.

I Josué és conscient d'això pero a pesar de les actuals dificultats de supervivència del valencianisme, ell es declara lliure, determinadament, clara i obertament i sense amagar-se, únicament valencià per damunt de tot i per tant valencianiste i millor dit, nacionaliste valencià puix considera que la seua nació és Valéncia, el territori entre els rius Ulldecona i Segura, l'històric Regne de Valéncia.

El pas, l'evolució de ser i sentir-se castellaniste-espanyoliste a ser i sentir-se valencià-valencianiste, està explicat al detall. Josué Ferrer mostra cóm la decepció, l'indignació, el desencant, la frustració i la desilusió pel tracte menyspreant i humiliant a lo llarc de l'història del centralisme de l'Estat Espanyol versus Valéncia i versus els valencians, provocaren la seua conversió al valencianisme, al nacionalisme valencià. En definitiva, se li caigueren les benes dels ulls i ha passat a combatre durament tot allò en lo que va creure i que tant li va defraudar: la dominació i la prepotència centralistes, el Centre o Estat-Nació –Espanya– contra la perifèria, és a dir, contra Valéncia regió.

El llibre és un eixemple patriòtic d'enaltiment a on Josué denuncia que els valencians patim un genocidi sociocultural que podria acabar en la nostra existència com a poble i propon solucions per a evitar la nostra desaparició i per a garantisar el nostre futur decantant-se com a única via de solució pel valencianisme i més específicament pel nacionalisme valencianiste.

L'autor mos convida a elegir entre seguir mirant cap a Madrit subjugats al poder central espanyoliste, mirar cap a l'expansionista Catalunya de metropolitana Barcelona que mos intenta absorbir en l'excusa del paregut llingüístic –l'atra problemàtica que patim els valencians, als que se mos intenta pancatalanisar– o treballar des de dins la nostra casa sense lligams externs i lliurement en clau totalment autòctona, valenciana i valencianista per mig de plantejaments nacionalistes. Josué ho diu clar i alt: Ni Barcelona ni Madrit sino Valéncia. Ni Catalunya ni Espanya sino la Nació Valenciana. Ni castellà o espanyol ni català sino valencià… idioma valencià, llengua valenciana. Els valencians patim situacions d'atac per part d'atres dos nacionalismes prepotents: l'espanyoliste, centralisador i espremedor; i el catalaniste, expansioniste i absorbent. Estem entre estos dos fòcs i correm el perill de perdre la nostra personalitat i i l'identitat pròpia que mos fa diferents com a poble, engolits per les potents maquinàries dels poders fàctics de Madrit i Barcelona. I al voltant d'estes situacions Josué Ferrer alça la veu d'alarma com un modern 'palleter' del segle XXI.

Realment estem davant d'un ensaig que és molt més que una declaració d'intencions. És una lliçó necessària hui i en el futur que hem de dependre tots els que estimem la nostra terra i mos sentim i declarem valencianistes i en més raó deuria i deurà ser un text obligat en el nacionalisme valencià com a moviment cívic. Digam, usant els eixemples dels moviments 15-M, que Josué Ferrer és un valencianiste "indignat". I eleva, a lo llarc de les pàgines d'este llibre, la seua indignació contra l'humiliant situació de Valéncia, a cotes realment contundents i clares. Tallants i fermes.

L'obra és una valentia. L'autor és un valent. Este és un llibre per a valencians valents que volen ofrenar noves glòries a Valéncia "tots baix els plecs de la nostra Senyera". No és un llibre apte per a qui vullga seguir ofrenant noves glòries a Espanya ni vendre's al poder econòmic-llingüístic de Catalunya. A soles és un llibre apte per als que volem únicament a Valéncia. Per als que volem una "Valéncia lliure".

Josué Ferrer

Lliggau este llibre, germans de lluita.

¡Tots baix els plecs de la nostra Senyera, junts i a una veu, germans vingau!

Josep Esteve Rico Sogorb.
Poeta i president del Grup Cultural
Ilicità Tonico Sansano Mora.

Josué Ferrer

PREFACI A LA PRIMERA EDICIÓ

"Cent vides que tinguera, cent pares, cent mares,
cent germans, cent esposes i cent fills,
ara mateix els donaria tots, si d'allò seguira
la salvació de la meua pàtria".
Sabino Arana (pare del nacionalisme vasc).

Lo que té vosté entre les mans és un arma. Tots els llibres ho són, de fet. Almenys en potència. Els llibres són com una bomba de rellongeria perque deixen escrit negre sobre blanc idees que poden activar-se molt de temps despuix. De fet, per a canviar el destí d'una nació no cal convéncer a tot lo món. Tampoc a la majoria. Ni tan sols a una minoria influent. És més que suficient convéncer a un sol home, si este és poderós i té la ferma determinació de dur a la pràctica la teoria depresa.

L'apòstol Pau va faltar sent un desconegut valedor d'una minoritària secta nomenada cristianisme i hui l'Iglésia Catòlica és casi una iglésia paulista. El sacerdot Martí Luter no necessità convéncer a tota Europa de les seues idees... fon suficient en obtindre la protecció d'un príncip germànic que recolzaria ab el seu poder la Reforma. Karl Marx va morir sense vore la seua utopia comunista, pero uns anys més tart un jove revolucionari nomenat Vladimir Lenin la feu realitat.

Adam Smith plantejà una economia sense intervencionismes estatals i hui els economistes que el seguixen són legió. Theodor Herlz somiava en un Estat per als judeus i Israel naixqué en 1948. Iztvan Meszáros era un desconegut filòsof fins que les seues idees foren dutes a la pràctica pel president de Veneçuela, Hugo Chávez. L'ideòlec Samuel Huntington ha inspirat als sectors més conservadors del Partit Republicà, i en conseqüència la política exterior d'Estats Units.

La Bíblia, Les 95 tesis, El Manifest Comuniste, La riquea de les nacions, L'Estat judeu, Més allà del capital o *Choc de Civilisacions*[1] són eixemples de cóm un llibre pot canviar el destí d'un poble. I és que a sovint els llibres són armes, concretament bombes, en molts casos de rellongeria, que estallen al cap de molts anys. En ocasions estan carregades de munició ideològica i unes atres voltes de pólvora mullada. El destí final d'un llibre és un misteri. Ningú coneix el futur.

També en el valencianisme hem tingut els nostres triumfs, encara que més humils (com quasi tot en Valéncia –pense–; ser humil per a mi és un valor, no un estigma). ¿Quí li anava a dir al doctor Faustí Barberà que passat un sigle de la seua mort seria considerat un predecessor del nacionalisme valencià i que s'hauria guanyat l'admiració i respecte tant del valencianisme com inclús del catalanisme? El seu llibre *De*

---

[1] Nota d'estil: Les referèncis bibliogràfiques que es citen a lo llarc de l'obra presenten els seus títuls en valencià inclús encara que no dispongam d'una traducció valenciana en estos moments de l'història. Açò es fa a propòsit ya que entenc que si la nostra fora una societat normal, o millor dit el dia que la nostra societat arribe a ser normal, tots els grans llibres estrangers estaran traduïts a la llengua valenciana. Posar els títuls en valencià és un acte reivindicatiu, encara que per al llector present ha de tindre clar que, si vol ampliar informació, en molts casos haurà de consultar una versió en castellà o en anglés. Aixina, a dia de hui podem llegir *Choque de Civilizaciones* o *Clash of Civilizations* de Samuel Huntington, pero no la traducció valenciana que esperem que sí que es trobe disponible en un futur. Per a qualsevol dubte sobre el títul original d'una obra, consulte la secció de Bibliografia.

regionalisme i valentinicultura[2] continua plenament vigent hui.

Som un poble dividit, dèbil, que ha perdut l'identitat i que va camí de la desintegració. Hem de recuperar la consciència de ser valencians, no ser tan oberts i actuar de forma més egoista, començar a ofrenar noves glòries a Valéncia. En definitiva, pensar en clau valenciana. Este és el canvi de mentalitat que deu operar el poble si vol sobreviure i per este motiu he escrit esta obra, en l'esperança, ilusa potser, de que algú reflexione, encara que siga quan yo estiga en la tomba.

No escric tot açò perque tinga un complex de messies; més be m'identifique en una veu que predica en el desert i que passa pel món sense pena ni glòria. De salvapàtries el valencianisme està ple; hi ha egos massa grans en este moviment massa menut. La salvació de la nostra nació només vindrà des de l'unitat i el treball en equip i yo només em llimite a ser un esclavó més de la cadena, a posar una pedra més en la paret. Lo únic que ambicione i somie és la llibertat del meu país.

Potser un dia un grapat de patriotes refunde el valencianisme i el revalencianise, valga la paradoxa, per a que deixe de ser un mer regionalisme sucursaliste espanyol i es convertixca en un patriotisme sense complexos ni servituts. Res em faria més feliç i sentiria que ha valgut la pena escriure este llibre, que esta obra ha aprofitat per a alguna cosa, que té un sentit. Pensar menys en Espanya i més en Valéncia. Pensar primer en mosatros. Ahí està la clau del nostre destí com a poble.

Josué Ferrer.
Juliol de 2012.

---

[2] En unes atres ocasions com esta, quan es citen llibres d'autors valenciaparlants, la seua obra sí està disponible en valencià.

Josué Ferrer

UNA NACIÓ DE VALENCIANS

> "Si som lo que som, serem,
> pero si som lo que són, mai serem".
> Julià San Valero (catedràtic d'Història
> de l'Universitat de Valéncia).

¿Cóm som els valencians?

¿Cóm som els valencians? Som creatius i enèrgics (gràcies als nostres genis –molts per a un país tan menut com el nostre– i a la sabiduria popular, la cultura valenciana descollà fins a conformar una elevada atmòsfera d'intelectualitat), molt treballadors, mamprenedors i dinàmics (des de sempre el poble valencià s'ha sentit atret per comerciar en lloc d'invadir i guerrejar, que és una cosa pròpia de nacions bàrbares). Sempre hem segut un país de poetes i comerciants, ab una mentalitat lliberal, cosmopolita i oberta a les influències del món. Els valencians sabem conservar vives les nostres riques i tradicionals arraïls folclòriques, gastronòmiques i culturals, som una nacionalitat històrica feta d'un mestiçage frut de mil cultures que fa de mosatros una terra rica i plural, som un poble conservador i creent, feliç, pacífic i tolerant (tan sols volem viure el nostre estil de vida sense intromissions alienes), acollidor, càlit i obert (rebem en els braços oberts a qui mos visiten i tractem de fer-los sentir com si estigueren en sa casa), un poble amant del fòc, la pólvora i la festa.

Pero també som profundament anàrquics (no tenim una organisació colectiva, no sabem funcionar en bloc com els Estats Units, Japó o Alemanya); extremadament individualistes, dòcils i sumissos (u d'eixos pobles que tot dictador desija per tal de fer allò que li vinga en gana sense que ningú li proteste o recrimine res), som obedients, lleals, fàcils de manipular i sometre, un poble entregat a la construcció nacional espanyola (pensem tant en Espanya i tan poc en mosatros mateixos que no mos donem conte de que vivim en un Estat injust que mos usa com a moneda de canvi i extermina la nostra llengua i cultura), un poble profundament moll, conformiste, indolent i meninfot (sense cap voluntat de defendre lo propi), els nostres perpetus divisionismes i enfrontaments interns mos debiliten fins a deixar-mos en mans d'interessos estrangers, patim encara un elevat complex d'inferioritat que fa que tingam por de ser lliures i carim de dignitat i amor propi. ¡Ixcà que este poble meu tan descohesionat, despersonalisat i carent d'autocrítica desperte del seu coma algun dia!

Molt llunt de prendre eixemple de França (el poble més valent d'Europa) o de la Federació Russa (el més revolucionari), els valencians mos pareixem als argentins: a títul individual funcionem de modo excels pero som un desastre com a colectiu i a pesar de l'elevada atmòsfera intelectual, abdós patim el desgovern dels traïdors i el desmantellament de la pàtria (desmantellament econòmic per als argentins, cultural per als valencians). La grandea d'un país no depén en absolut del seu número de quilómetros quadrats sino de tres factors bàsics: primer: el talent dels seus genis; segon: l'audàcia dels seus governants; i tercer: el patriotisme del seu poble. Si complix els tres requisits, un país pot arribar a ser una grandíssima nació, independentment de l'amplària de les seues fronteres. Mentres que els valencians no fem nostres estos tres factors tindrem una terra de primera i serem un poble de segona puix em sembla que anem sobrats del primer requisit pero encara hui mos falten els atres dos per a tornar a ser eixa gran pàtria que en un atre temps admirà el món.

Valéncia: el poble que mai existí.

El Regne de Valéncia és una nacionalitat històrica ubicada en la costa est d'Espanya, llimítrof en Aragó, Catalunya, Castella-La Mancha i Múrcia; un país del tamany d'Israel (23.000 km²) en més de cinc millons d'ànimes. Les urbs més grans són la capital, Valéncia, (en 810.000 habitants), Alacant (330.000), Elig (230.000) i Castelló de la Plana (180.000). El clima és mediterràneu i assolejat, la fe predominant és la catòlica i es parla tant valencià com espanyol. Valéncia, antigament un regne independent, hui està anexionada per l'Estat Espanyol, desquarterada en tres províncies desnaturalisadores i colonisada per obra i gràcia d'un nacionalisme expansioniste català que li impedix desenrollar-se com el poble que vol ser.

El rei visigot cristià Leovigilt fon el primer monarca de Valéncia, allà pel sigle VI[3]. El rei Jaume I conquistà el Regne el 9 d'Octubre de 1238, i la dotà de Furs i Corona propis. Durant sigles, Valéncia fon un regne independent a on floria

---

[3] L'arqueòlec valencià Miquel Ramon Martí ha descobert que el primer rei documentat de l'història de Valéncia fon el visigot cristià Leovigilt, allà pel sigle VI. Una troballa d'una moneda de l'any 583 a on podem vore el seu rostre i l'inscripció *Rex Valenta* (Rei de Valéncia) ho corrobora. Açò significaria que l'existència del Regne de Valéncia (en forma de ciutat-Estat, que és com eren les antigues nacions de l'Europa Migeval) és molt més anterior de lo que creíem. El seu llibre, *Visigots, Hispano-romans i bizantins en la zona valenciana en el sigle VI (Espanya)*, mos parla d'açò. També és molt recomanable el seu llibre *Una fundació de Valéncia (Hispània). Antítesis de la tesis actual*, que mos descobrix que la fundació de la Ciutat de Valéncia és anterior a la de 138 A.C. del cònsul romà Junius Brutus.

l'art i la cultura pero la falta de fe del poble en sí mateix i les successives guerres el sumiren en la decadència. Finalment, a partir dels Decrets de Nova Planta de 1707 derivats de la Guerra de Successió (1702-1714), l'Estat Valencià fon dissolt per Espanya. Assotat per mil i una pestes (castellanisme, borbonisme, napoleonisme, franquisme, catalanisme...), el sempre noble i lleal poble valencià qual Au Fènix ya ha resucitat d'entre les cendres fumejants vàries voltes en l'ajuda de Deu.

La nostra societat té llengua i cultura pròpies; un fet diferencial que li otorga identitat. La seua cultura i tradicions són de les més riques ab una gastronomia, música i festes autòctones de talla internacional, un deport propi com la pilota valenciana en el que Valéncia és la primera potència mundial i sobretot en un sigle d'or lliterari –el XV– que fon el primer de totes les llengües neollatines en escritors de la talla de Joanot Martorell o Ausias March. Han hagut valencians ilustres en l'història com Sant Vicent Ferrer, Lluís Vives, Vicent Blasco Ibáñez, Josep Ribera, Joaquim Sorolla, Lluís García Berlanga, Santi Calatrava... Per història, tradició, identitat, llengua i cultura, som un poble gran.

El Regne de Valéncia és una de les regions més pròsperes d'Europa, un poble mamprenedor, lliberal i dinàmic que viu del comerç i els servicis, ric en agricultura i turisme, i que combina el progrés econòmic i el conservadurisme social. Les nostres empreses exporten moltes manufactures (mobles, textil, calcer, joguets, ceràmica, automòvils, cítrics, torró, vins...) L'agricultura encara és puixant –a pesar de l'escassea d'aigua– ya que produïx els millors arrossos, taronges i chufes del món. El turisme és la primera indústria nacional; l'atractiu de les millors plages d'Europa, un Sol perpetu, una rica gastronomia (paella, fideuada, orchata...), l'oci i la festa, i un Benidorm que és una de les grans capitals turístiques del món.

Com digué l'erudit Salvador de Madariaga: "Valéncia només vol ser Valéncia". El problema radica en que no li deixen. Som una nacionalitat histórica esclafada per espanyols i catalans, els quals mos someten a l'etnocidi com a recompensa per la nostra llealtat, una pàtria de passat gloriós, present fosc i futur incert que de dotar-se d'un Estat propi seria un país envejat, pero que trià ofrenar noves glòries a un Estat que està borrant-la dels llibres d'història fins al punt de que per a les generacions futures el nostre Regne no haurà existit mai. Perque el dia que no hi haja cap diferència cultural i identitària entre Múrcia i Valéncia o entre Valéncia i Catalunya, se podrà dir obertament que el nostre poble ha mort.

El Síndrome del poble obert.

Els pobles tenen diferents formes de relacionar-se en el restant del món en general i en els països veïns en particular. Normalment hi ha dos formes: ser un poble obert o ser-ho tancat. El poble tancat és aquell que no vol tindre molt a vore en unes atres gents. Be siga per falta d'interés, recel cap a lo foràneu o hostilitat manifesta cap als estrangers. Un eixemple de poble tancat és Estats Units. A pesar de la política exterior intervencionista impulsada pels governants, els ciutadans d'a peu no solen tindre massa interés en lo de fòra. No solen viajar a l'estranger (preferixen fer-ho dins del seu immens país) i tampoc tenen massa interés en consumir llibres o películes que no siguen nortamericanes. Per ad ells, lo millor que pot fer un americà és llegir a un atre americà. I si acàs als britànics, que són els cosins germans, pero poc més. L'estatunidenc mig no sap senyalar Espanya o Brasil en un mapa puix el seu món comença i acaba en Estats Units. No ho fan per arrogància o per menyspreu. Simplement és que no tenen cap interés per lo que passa fòra del seu país.

Japó també és un poble molt tancat, a on, a pesar de la seua enorme prosperitat, a penes hi ha immigrants[4] i a on el fort proteccionisme econòmic sempre ha dificultat l'instalació d'empreses estrangeres en l'illa. Podríem parlar també de Dinamarca, a on la gent és molt recelosa front a la convergència europea, per la pèrdua d'autogovern i sobirania que això els comportaria. Un atre eixemple clar és Euskadi, molt preocupada per mantindre la seua identitat tradicional i que veu en el nacionalisme i en l'independència l'única via per a no quedar dissolta com una regió més dins d'Espanya. Per supost, portat a extrems, una pàtria pot caure en la paranoia. Per eixemple, la dels integristes islàmics d'Afganistan o Aràbia Saudita que rebugen la democràcia i els drets humans –en ocasions inclús les medicines– per considerar-les obra de la *depravada* cultura occidental, una intromissió *intolerable* en la cultura autòctona i una afronta a l'islam. Si no se cau en estos radicalismes, no hi ha res com ser una nació tancada i recelosa per a mantindre una identitat diferencial forta.

L'alternativa és la del poble obert. Es tracta d'un país al que li entusiasma relacionar-se en els de fòra. Sol ser acollidor, rep en els braços oberts als estrangers i inclús no li importa renunciar a la seua identitat nacional si és en

---

[4]   A penes el 1,6% de la població de Japó és immigrant (senyes de 2006). Això contrasta en les sifres europees: en França o Espanya els estrangers superen el 10%. En Suïssa o Flandes superen el 20%. En Japó la política migratòria és molt severa i es basa en el temor dels conflictes socials que puguen generar-se entre nacionals i nouvinguts i en el total convenciment de que el creiximent econòmic únicament és sostenible ab una mà d'obra de qualificació molt alta.

benefici de lo que considera un be major. Sol integrar-se en unitats majors –més grans i fortes– al preu de deixar de ser ella. Per eixemple el Gran Ducat de Luxemburc; un poble molt europeiste al que no li importa retallar la seua sobirania en pro de la construcció nacional europea. Un atre cas, el Regne de Valéncia. No només acollix forasters i no els integra sino que és la pròpia Valéncia la que s'adapta ad ells. Una renúncia expressa en tota regla a impondre els seus valors, renúncia això sí disfrassada de fals cosmopolitisme en el qual Valéncia no lluita per tindre un lloc en el món, sino que es diluïx per a que el món tinga un lloc en Valéncia. La falta de personalitat i l'excés d'altruisme es nota en que per als valencians tot sacrifici és poc si és en pro d'un teòric superior benefici comú, en este cas Espanya. Patim el Síndrome del poble obert.

Mentres que el poble tancat és egoiste i pensa en els seus interessos particulars sense que li importe el destí que puga córrer el restant de territoris, el poble obert pensa en el be general abans que en el seu propi. És més, preferix el be general encara que siga a costa de la seua pròpia desgràcia. Els vascs i catalans, com a pobles tancats que són, reclamen més inversions i infraestructures per a les seues terres... encara que siga a costa d'amenaçar o de fer chantage a l'Estat o de perjudicar al restant d'espanyols. Perque mentres ells conseguixquen els seus objectius els dona igual que els demés pobles de l'Estat rebenten. Pel contrari, Valéncia o Balears són pobles clarament oberts. Ad ells no els importa –ho veuen inclús com un orgull del que presumixen– eixir perjudicats si és per al benefici comú d'Espanya. Tot sacrifici és poc per tal d'assegurar el benestar i l'estabilitat de l'Estat: des de que mos espolien fiscalment a que mos tracten com una moneda de canvi en les negociacions entre Madrit i

Barcelona passant per renunciar a les nostres llengües pròpies: valencià i balear.

Dona igual que el valencià estiga prohibit... perque encara tenim l'espanyol. Dona igual si mos consideren catalans del sur... perque encara aixina continuem sent espanyols. Dona igual si mos furten els nostres diners... és per a cohesionar l'Estat. Tot sacrifici és poc: inclús el de deixar d'existir. Deixar d'existir, s'entén, com un poble diferenciat. Perque mentres sigam espanyols, tant fa que la nostra terra es diga Catalunya del Sur o la *Castilla Valenciana*. La gran diferència és que en Catalunya, ells són primer de tot catalans. Segon, de dretes o d'esquerres. I tercer, espanyols. Per eixe orde. En Valéncia és al contrari. Primer i per damunt de tot, som espanyols. Segon, de dretes o d'esquerres. I per últim, i en este cas sí menys important: valencians. El poble valencià no té consciència de poble valencià sino de poble espanyol. Per a la gran majoria dels meus conciutadans lo important és ser espanyols puix entenen que ser valencià és una anècdota: és dir, per ad ells haver naixcut en Alzira o Benicarló no és distint d'haver naixcut en Màlaga o Ciudad Real.

Açò ve donat per distints factors: pels sigles de nacionalcatolicisme en els que mos han ensenyat que l'únic idioma cult és el castellà, pels atàvics complexos d'inferioritat que arrosseguem, per l'elevat número de forasters –i descendents directes dels mateixos– que cohabiten entre mosatros (se calcula que entorn al 50% de la població) i sobretot per eixe caràcter obert del valencià que fa creure que cal parlar en castellà al foraster per a que es senta com en sa casa. Pero se'ns oblida que la casa és nostra. I que ells són els nostres convidats, no els propietaris de la vivenda. En la nostra societat hi ha "molts naixcuts en

Valéncia" pero "pocs valencians". Per a mi, el president de la Generalitat, Francesc Camps[5], és un "espanyol naixcut en Valéncia" igual que l'editor Eliseu Climent és un "català naixcut en Valéncia". Pero no puc considerar-los pròpiament valencians, ya que ells mateixos reneguen de ser-ho o els importa molt poc. Si donares a triar entre Espanya o Valéncia, la gran majoria de valencians triaria la primera perque en ella s'identifica molt més.

El problema, torne a insistir, és que el poble valencià té consciència de poble espanyol. Per això tot lo que tinga que vore en Espanya se veu com a prioritari mentres que lo referent a Valéncia és secundari. A molts valencians els irrita que no se puga estudiar en castellà en Catalunya, pero són indiferents a que no se puga estudiar en valencià en Valéncia. Per ad ells, seria preferible que Espanya recuperara Gibraltar a que el Regne recuperara Capdet. Este excés d'altruisme, esta absurda xenofília, este pensar sempre en els de fòra abans que en els de casa, mos està borrant dels llibres d'història. La gent ha de transformar la seua mentalitat. Hem de pensar que som, primer i per damunt de tot, valencians. I despuix, lo que vinga. No dic en açò que tot el que se senta valencià, no puga sentir-se també espanyol, europeu o terrícola. Lo que reclame és que pensem primer en Valéncia. Que defengam primer a Valéncia. Que quan hi haja un conflicte d'interessos entre Valéncia i Espanya, o entre Valéncia i Europa, o entre Valéncia i qui siga, mos decantem pels interessos de la nostra terra.

Encara que coste molt, pero cal descaminar lo caminat i donar un gir de 180º en la nostra mentalitat. Dit d'una atra manera, si volem preservar l'identitat, caldrà passar de ser un

---

[5]   En el moment de publicar-se este llibre –any 2012– el Gens Honorable President de la Generalitat és el popular Albert Fabra.

poble obert a u tancat. No tancat als invents, la tecnologia o la modernitat. No, per supost que no. Pero sí tancat a totes aquelles influències de fòra que volen que Valéncia deixe de ser Valéncia, a tots aquells que s'instalen en la nostra terra i desigen que sigam mosatros els que mos adaptem ad ells, quan hauria de ser al revés. Un poble tancat per a que no es perga la nostra identitat, l'essència de la valenciania. No es tracta de xenofòbia, provincianisme, aldeanisme, tofolisme ni tants atres vituperis escopits pels que van de ciutadans del món i d'amics de tot lo de fòra. No és això. Es tracta de que igual que tanquem la porta del nostre domicili per a que no entren els lladres o de que obrim la porta de la nostra casa als convidats quan volem i en les condicions que mosatros volem, igual hem de fer en la nostra pàtria. ¿O és que algú se'n va al treball i es deixa la porta de sa casa oberta de bat a bat?

Espanyolisació i decadència valenciana.

Johann Fichte, Joseph Schilling, Johann Von Herder i uns atres filòsofs alemans teorisaren sobre les identitats nacionals; sobre eixe "esperit" colectiu que tenen les nacions i alertaren dels perills que aguarden als pobles que se "desespiritualisen", açò és, els que perden la consciència de la seua pròpia existència com a entitat diferent i definida. El polític Francesc Bosch Morata escrigué en 1932: "Els grans pobles es formen quan s'interpreten a sí mateixos; triumfen els pobles en els quals actua el seu esperit independentment; decauen o moren com a pobles quan perden l'esperit autòcton o es deixen empeltar un esperit estrany que desdibuixa o borra la seua personalitat". El problema és que cada volta més els valencians estem perdent eixe esperit colectiu de poble. Hem perdut la consciència de ser valencians. Cada dia mos sentim més espanyols i tenim més consciència de poble espanyol. Hui no som conscients de que ademés d'espanyols som també valencians. És més, de que som primerament valencians; de que ya érem valencians quan Espanya encara no existia.

El prohom valencià Nicolau Primitiu afirmà: "¡No mireu, puix, al Centre ni a Catalunya! Mireu cap a Valéncia adins, remogau les cendres i encengau flamerades de patriotisme que mos porten a reconstruir la personalitat valenciana, refent, sus la seua substantivitat. I eixe serà el ver valencianisme, el valencianisme rònec d'una Valéncia estricta". Ell mateix ya advertia dels perills de quedar-mos hipnotisats pels cants de sirena del centralisme madrileny o de quedar-mos embadalits mirant a una Catalunya utòpica i romàntica. També el teòric Miquel Adlert denunciava ya en 1978 que tindríem una autonomia sense ànima. Per a Adlert "l'ànima de la autonomia, lo que la justifica, és respondre a un ideal". I per ad ell l'ideal sustentador és el valencianisme. Perdem la consciència de ser valencians. Cada dia mos sentim més espanyols. I no mos donem conte de que a major grau d'espanyolitat, major grau de decadència per al nostre Regne. Perque els moments de l'història en que Valéncia ha segut alguna cosa en el món fon per haver pensat primerament en ella.

El valencià ha segut tradicionalment un poble superior. Mosatros li donàrem al món el primer Sigle d'Or lliterari de totes les llengües neollatines quan la majoria de pobles europeus eren encara illetrats, analfabets. Tinguérem el primer diccionari i la primera *Bíblia* d'una llengua romànica. Hem basat la nostra riquea i prosperitat en l'agricultura, el turisme i el comerç quan unes atres nacions l'han basada en el militarisme i el saqueig. Hem segut un poble innovador creant figures com els Furs, el Defensor del Poble o el Tribunal de les Aigües, contàvem ya en un deport de solera com la pilota a mà molt ans de que s'inventara el fútbol. Érem ya un històric regne independent quan Espanya i Catalunya ni tan sols existien encara. Hem comerciat i intercanviat productes en pobles de tot lo món mentres que els espanyols es dedicaren a invadir pobles i Estats i a fer córrer rius de sanc en conflagracions cruentes pels cinc continents. Hem creat una llengua i una lliteratura riquíssimes quan Catalunya —a falta d'una cultura pròpia— tracta de furtar-mos-la per a fer-la seua.

Hui tan sols som un poble assimilat, dividit, enfrontat, acomplexat. Ni espanyols ni catalans volen que alvancem, temen el nostre progrés, saben que fem les coses millor i per això Madrit i Barcelona, la Meseta i el Nort, unixen forces per a neutralisar-mos, despersonalisar-mos, colonisar-mos. Que ningú s'enganye, que ningú es tape els ulls; el problema no és tant Catalunya com Espanya puix si els catalans mos fan mal és en el vist i plau de Madrit. Els catalans mos tenen enveja, saben que sense la nostra rica cultura ells no són res, a falta de passat propi se l'inventen furtant-mos a valencians i balears, borrant-mos a poc de poc de l'història. Per als espanyols només som la seua plaja, un lloc d'oci a on vindre a divertir-se, el poble dòcil i sumís que ho entrega tot i mai reclama res, una vaca a la que esprémer tota la llet. No he naixcut yo per a esclau i em dol vore als valencians encadenats a la mentira... ¿Per qué volen que sigam un poble agenollat als interessos de fòra en lloc d'una pàtria ben orgullosa de ser lo que és? Espanya i Catalunya mos necessiten. Pero mosatros ad ells en res.

Som bons per a pagar a l'Estat Espanyol molt més de lo que ingressem. Som bons per a donar treball i una vida millor a tots eixos desheretats que venen en una mà davant i una atra darrere procedents d'Aragó, Castella-La Mancha o Múrcia. Som bons per a detentar la capital d'Espanya i defendre la democràcia en una Guerra Civil (1936-1939), pero mai som bons per a que respecten els nostres drets. ¡Ya n'hi ha prou! ¡O som espanyols de primera o no té cap sentit ser espanyols! Cal cridar ben fort, defendre els drets que com a poble mos corresponen, cal plantar-se front a un Estat monstruós que és un camp d'extermini de llengües i cultures, cal desobedir la llegislació puix una llei injusta no és llei. Com Escòcia o com Irlanda, també Valéncia és una terra de traïdors, de mal naixcuts, de colaboracionistes disposts a desmembrar sa terra i vendre-la a trossos per trenta monedes de plata. Tenim uns polítics que no se mereixen ni respirar i que no obstant mos estan governant. I si no els plantem cara, no pararan fins que regalen als catalans el nostre cap servit en una fritera de plata.

Fórem un gran poble, un país punter sempre a la vanguarda... ¡Fins a ón podríem haver arribat de no haver segut pels Borbons! L'afonament nacional es consolidà en la derrota en la Batalla d'Almansa en 1707; mos llevaren els Furs, mos feren sentir inferiors, desprestigiaren el valencià, prohibiren posar noms valencians als fills, s'impongueren cada volta més fins a espanyolisar tota la nostra pàtria. El mal d'Almansa a tots alcança. Fa molt de temps que des d'Espanya no arriba res de bo. Tot el retart front a Europa, l'ignorància, la decadència, la guerra, la corrupció, la fam, el catalanisme... Tot arriba d'Espanya. A més espanyolisació, més decadència valenciana. Cal purificar la nostra llacerada terra, revalencianisar-la, modernisar-la. Cal buscar fòrmules polítiques que mos permeten desenrollar-mos com a poble, que no mos tallen mai més les ales, ni en Espanya ni en

Europa. Igual que Esparta, una nació bàrbara i guerrera, esclafà un país modern i pacífic com Atenes, també als valencians mos colonisen i espolien espanyols i catalans i mos inoculen els seus virus.

¡És hora de que este poble en coma, que esta pàtria d'esclaus feliços desperte ya d'una volta! Estem en guerra; és una lluita per a que no mos arrebaten l'identitat, una batalla llegítima del ciutadà contra l'Estat opressor per tal de conquistar els seus drets civils. I si perdem esta guerra de supervivència el nostre poble serà destruït per a sempre, serà borrat del mapa i erradicat dels llibres d'història; els valencians mai haurem existit, ya no serem valencians sino castellano-valencians o catalans del sur. ¡Em negue a l'extermini del nostre milenari poble, a que sigam un mer apèndix de Madrit o Catalunya! Hui més que mai cal defendre pacífica pero fermament els nostres drets i no permetre que ningú els torne a chafar mai més; posar de genolls a qui vol agenollar al nostre Regne, revalencianisar la terra, netejar-la de traïdors i corruptes, recobrar la fe en la pàtria, reconstruir-la. ¡Valencians, alceu el cap, poseu-vos en peu i lluiteu per la vostra llibertat, sintau de nou l'orgull de ser lo que sou! ¡Ha arribat l'hora de tornar a vore en els ulls dels jóvens la lluentor salvage de la fúria!

Som estrangers en la nostra pròpia terra.
Els valencians som estrangers en la nostra pròpia terra. Entre que el català és oficial i que la gent se percep inferior cap a tot lo de Catalunya i Espanya, la nostra autoestima no alça cap. Crec que la llengua és el reflex d'un poble i el fet de que el poble valencià es trobe tan espanyolisat i de que existixca una subordinació del valencià a l'espanyol es traduïx d'alguna forma en la preeminència d'un poble sobre

atre. Una llengua esguitada de castellanismes, la visió acomplexada de que un idioma és pijor que un atre per contar en un menor número d'usuaris, que se puga viure en el Regne sense saber valencià pero siga impossible sense el castellà, que els valenciaparlants canviem d'idioma automàticament cada volta que establim una conversació ab un hispanoparlant, que conegam millor el refraner castellà que les nostres frases fetes i dits populars... A la subordinació llingüística li seguix sempre la política. El lliterat Remy de Gourmont afirmà: "Quan un poble ya no s'atrevix a defendre el seu propi idioma, està llest per a l'esclavitut". Puix a este punt hem arribat ya.

Yo soc dels qui pensa que es pot fer valencianisme tant en valencià com en espanyol. Els sentiments no saben de llengües. De fet, hi ha valencians hispanoparlants i inclús alguns estrangers residents en el Regne que senten a la nostra pàtria en el cor molt més que alguns que tan orgullosament s'autoproclamen en la boca ben oberta com a valencianistes. Ara be, cal aplicar una discriminació positiva al valencià puix este és un idioma que es troba en perill d'extinció, cosa que l'espanyol, parlat per més de quatrecents millons d'ànimes en el món, no corre eixe risc. Hem de lliberar-mos de tots eixos complexos d'inferioritat (front al català i a l'espanyol) que mos convertixen en estrangers dins de la nostra pròpia terra. L'espanyolisació alvança d'una forma feroç (més inclús que la catalanisació). Abans de la Guerra Civil Espanyola (1936-1939) tot lo món parlava valencià en el Cap i Casal i aquell que ho fea en espanyol era ràpidament identificat com a foraster. Pero hui en dia és al revés, Valéncia capital pareix Nueva Albacete i qui parla en valencià és que ve de fòra.

La consciència de ser valencians

¡Forasters vindran que de casa mos trauran! Ya està be de
deixar-mos chafar. Prou de parlar-li als forasters en espanyol
"per respecte ad ells". Són ells els qui venen de fòra, són ells
els qui mos deuen parlar en valencià a mosatros, que per
alguna cosa estem en la nostra casa. Prou de tindre atencions
en aquells que bramen en mals modals que els parlem "en
cristià", en aquells turistes madrilenys insolents i maleducats
que, sent com són de fòra, mos exigixen que les obres de
teatre que fem en valencià les fem en espanyol "perque
estem en Espanya". Els aragonesos no volen donar-mos ni
una gota d'aigua (pero sí que els agrada que mosatros els
paguem les seues pensions); els catalans mos someten a un
cruel etnocidi, un salvage genocidi cultural; els madrilenys
mos escuren la bojaca als valencians per a poder dotar-se de
totes les infraestructures que ací mos neguen; als manchecs
que venen morts de fam en la maleta baix del braç els donem
l'oportunitat de prosperar que els nega la seua terra natal i
encara aixina els agradaria prohibir tot idioma que no siga el
seu.

Espanya és el problema, Valéncia la solució. El gran
drama que afecta a la nostra societat és el de que sempre
pensem ans en el benestar d'Espanya que en el de Valéncia, i
no mos donem conte de que per a Espanya no som res, tan
sols una moneda de canvi en la que poder negociar com qui
comercia en un quilo de taronges. Som tan meninfots que ni
mos molestem en protestar perque mos falten el respecte
dient "País Valencià" o *Levante feliz*". Els catalans ofrenen
noves glòries a Catalunya. En Euskadi defenen primer lo de
la seua terra i en acabant lo d'Espanya. Pero en Valéncia es
defén primer lo d'Espanya i a continuació lo del Regne. En
Anglaterra són anglesos abans que britànics, en Quebec
quebequesos abans que canadencs. Pero ací mos sentim

orgullosos de pertànyer a un Estat que extermina la nostra cultura, som un poble d'esclaus enamorats de les seues cadenes. ¡Valéncia primer! ¡Valéncia per als valencians! Defengam lo nostre, que ningú de fòra ho farà per mosatros. El dia que mos considerem valencians abans que espanyols haurem recorregut mig camí.

¿Per a qué servix ser espanyol?

Fa uns anys yo era un gran patriota espanyol. Em sentia profundament orgullós de ser hereu de l'història d'un imperi en el que mai es ponia el Sol. Pero em doní conte de que també era valencià, veïa el tracte humiliant que rebia la meua terra i poc a poc, molt lentament, aní desencantant-me d'Espanya. Fon una evolució gradual. En el pas del temps passí de sentir-me únicament espanyol a més espanyol que valencià; igual de valencià que d'espanyol; més valencià que espanyol i actualment em sent únicament valencià. Els valencians sempre mos hem caracterisat per ser lleals a l'Estat pero este mos recompensà sistemàticament ab la traïció. La traïció d'Espanya a la nostra llealtat és una punyalada en el cor.

Valéncia donà a la Península el primer Sigle d'Or de les llengües neollatines, la Taula de Canvis (antecedent de la banca i el comerç moderns); el Tribunal de les Aigües (l'institució de justícia més antiga d'Europa), l'Examinador d'Agravis, que fon el primer defensor del poble de l'història, etc. Valéncia aguantà els bombardejos del fascisme espanyol per tal de defendre la llibertat, la democràcia i la capitalitat de la República en els temps més monstruosos de la Guerra Civil. La nostra terra aporta cada any ingents ingressos a Espanya sobretot en concepte de turisme i servicis; i no és conflictiva com Euskadi o Catalunya (ans al contrari, sempre fidel al Govern de Madrit). Ara em pregunte: ¿per a qué mos servix tot açò?

En la transició mos prohibiren crear l'autonomia per via especial (art. 151 de la Constitució de 1978) i mos impongueren la normal (art. 143). Digueren que Galícia, Euskadi, Catalunya i Andalusia eren nacionalitats històriques pero Valéncia no. A Euskadi i Navarra se'ls dotà de facenda foral i a mosatros no. En 1983 el PSOE llevà el valencià i posà el català. Durant anys vixquérem una agònica marginació en el finançament que tingué la puntilla en 1992 quan Barcelona gojà els Jocs Olímpics, Sevilla l'Expo, Madrit la capitalitat cultural europea i per a Valéncia... les factures. "Espanya 92–Valéncia 0", digué encertadament el GAV[6]. Hui encara hi ha molts damnificats sense cobrar per l'Empantanada de Tous de 1982.

En l'aspecte identitari i cultural no mos ha pogut anar pijor. La Dama d'Elig està seqüestrada en Madrit, els quadros d'artistes valencians com Josep de Ribera o Joaquim Sorolla també, els documents del Regne de Valéncia es troben en l'Archiu de la Corona d'Aragó (Barcelona), els documents incautats a valencians en la Guerra Civil (1936-39) estan en l'Archiu de Salamanca, i l'Amfiteatre romà de Sagunt patí en els huitanta una reforma que l'ha destrossat de dalt a baix. I encara que els alts tribunals han fallat a favor de retornar-li el seu aspecte original, els polítics es neguen a acatar la sentència i volen conservar les reformes, tan monstruoses com illegals. Estan venent tot el nostre patrimoni poquet a poc.

Si en 1983 s'introduí el català en l'escola, hui el catalanisme és un càncer. Els nostres fills creixen en el català de Canal 9 i TV3 i estudien que la seua nació es diu països

---

[6]   Grup d'Acció Valencianista (GAV).

catalans, i que Ausias March, la Llonja, els Borja i inclús la paella són catalans. Els presidents Eduardo Zaplana (Valéncia), Jordi Pujol (Catalunya) i José Maria Aznar (Espanya) acordaren en 1996 crear la catalanista Acadèmia Valenciana de la Llengua (AVL) que en el seu dictamen de 9 de febrer de 2005 proclama que català i valencià són el mateix idioma. I en la reforma estatutària de 11 d'abril de 2006 el president de la Generalitat, Paco Camps, introduïx la AVL (és dir, el català) dins d'eixa carta colonial que és el nostre Estatut de 1982.

En 1970 per pressions catalanistes el diccionari de la Real Acadèmia Espanyola (RAE) rebaixà la definició de valencià a mera variant del català. La Biblioteca Nacional –d'Espanya– califica els llibres en valencià dins de l'epígraf Cat. El president del Consell d'Estat, Francisco Rubio Llorente, afirmà que Valéncia i les Illes Balears formen part de la "comunitat nacional catalana". En les Escoles Oficials d'Idiomes es pot estudiar "valencià-català". Si fórem un Estat independent no tindríem per qué aguantar este fem, ni boicots a la Copa Amèrica de Vela ni que vingueren autobusos des de Barcelona a insultar-mos cada 25 d'Abril. I damunt el valencià podria ser una llengua oficial en l'Unió Europea (UE).

En l'aspecte econòmic vivim un abordage pirata. Mos prometeren inversions que no arriben mai. No arriba el Parc Central –promés en 1991– que deu dotar al Cap i Casal d'una estació de ferrocarril del sigle XXI (i no una de poble, semblant a la de Fuenlabrada, com l'actual). Sevilla dispon de TAV[7] des de 1990; el Regne de Valéncia dispondrà d'ell dos décades més tart en el millor dels casos. I això serà únicament el Cap i Casal puix ad este pas Castelló de la

---

[7]   Tren d'Alta Velocitat.

Plana, Alacant i Elig tindran un TAV el dia que ya tot lo món viage per teleportació. Això per no parlar de la llamentable situació que supon que ni tan sols hi haja una trista via de ferrocarril que unixca tot el Regne de Valéncia des de Vinaròs a Pilar de la Foradada.

En 2002 el Port de Valéncia superà en volum de contenidors al de Barcelona. Com a resposta, aquell any l'Estat Espanyol donà al Port de Barcelona cinc voltes més diners que al de Valéncia. En 2003 l'ampliació de l'Aeroport de Barajas s'endugué el triple de lo presupostat per a tot el Regne de Valéncia. En 2004 es derogà un Pla Hidrològic Nacional (PHN) que anava a transvasar una menuda part dels quantiosos excedents de l'Ebre als camps valencians, que es troben devastats per la sequia. Això sí, el transvasament de diners valencians cap a Aragó o Castella-La Mancha no el deroga ningú. En 2006 l'Estatut Català s'emportà baix del braç 5.000 millons d'euros en inversions i l'Estatut Valencià ni un cèntim d'euro.

El Parc Industrial de Sagunt –que prometien que seria el més gran d'Europa– és fum de boja. L'Aeroport de Manises és de joguet, el de Castelló encara està en construcció, Alacant té barris que quan plou s'inunden per falta d'albellons i les comarques de l'interior s'afonen en l'agonia tercermundista. Mentres, en els nostres diners financen infraestructures en Madrit, Barcelona, etc. Les taronges marroquines mos invadixen cada volta que l'Estat vol quedar be en la dictadura alauita. Sense baixar del barco, als contenidors de taronja d'Àfrica se'ls posa l'etiqueta de producte valencià i s'exporten com a tals. I al remat els agricultors han de vendre la seua terra als especuladors perque treballant el camp es moren de fam.

Mentres que la mija de deute de les autonomies és del 40% del seu presupost, ací ascendix al 89%; dels 11.000 millons d'euros de presupost, destinem 10.000 a pagar interessos. El bloqueig econòmic del Govern central i el balafiament del Govern autonòmic porten la bancarrota. Al temps que es gasten millonades en obres faraòniques i absurts parcs temàtics, es privatisa la sanitat, l'educació, la seguritat, les pensions, les caixes d'aforros... S'especula en la vivenda, es dispara l'abort i no s'arriba a final de més. Els botiguers tanquen i l'indústria tradicional es desmantella puix a qui mana sols l'interessa un país d'obrers i cambrers, una economia sense més ambició que construir chalets i servir-li les copes al britànic de tanda.

Per a tot açò servix ser fidel a Espanya. Per a tot açò servix amar a Espanya. Per a tot açò servix ser espanyol. Esta és la nostra recompensa. No només no tenim cap ventaja sino que damunt, tot són inconvenients. ¿Quànts problemes que tenim ara per ser espanyols no els tindríem si deixarem de ser-ho? Cada volta som més els valencians desencantats en Espanya. Passa com en els matrimonis; per molt que ames a una persona si esta te menysprea a tota hora, t'enganya, t'és infidel, te traïciona, te maltracta i t'utilisa com una moneda de canvi, l'amor acaba morint. Crec que una nació és com un matrimoni: si hi ha amor, cal estar junts fins que la mort mos separe. Pero per a estar com estem, lo millor és separar-mos.

Espanya és el problema, Valéncia la solució.

El problema que arrosseguem els valencians és que pensem molt en Espanya i res en mosatros. Per això, el poble veu a Catalunya com a única enemiga, la pèrfida terra imperialista que mos somet a un etnocidi, i a Espanya com l'aliada natural en els braços de la qual mos hem de refugiar i buscar protecció. El problema aumenta quan veem que este sentiment cala no sols en valencians sino també en molts valencianistes que preferirien que el valencià desapareguera a mans del català abans que qüestionar la sacrosanta unitat d'Espanya. També ells pensen en Espanya més que en Valéncia. De poc servix que un valencianiste recrimine a qui diu *"nosaltres" o "aquesta tarda"* si en acabant es somet dòcilment al primer mesetari que li brame: *"¡Eh tú, a mí me hablas en cristiano!"*. Protestem si Catalunya mos vol impondre el català pero si el català mos ve impost directament des de Madrit, acachem el cap com a borreguets obedients. No podem queixar-mos del jou de Catalunya per a més tart acceptar lacayescament el d'Espanya. Perque açò no és ser lliure sino només canviar d'amo.

Prou d'odiar visceralment a Catalunya per a en acabant obedir servilment a Espanya. Al remat, les dos volen destruir-mos. ¿Quí té la culpa dels nostres mals? Fem-mos unes senzilles preguntes per a descobrir-ho. ¿Quí llevà l'idioma valencià i instaurà el català en el seu lloc? ¿Catalunya? No, el Partit Socialiste Obrer Espanyol (PSOE), un partit d'Espanya. ¿Quí creà la AVL i oficialisà el català en el nostre regne? ¿Catalunya? No, el Partido Popular (PP), un partit d'Espanya. ¿Quí fagocità al valencianisme per a fer-lo desaparéixer? ¿Catalunya? No, el PP, un partit d'Espanya. ¿Quí invertix molts més diners en unes atres autonomies abans que en Valéncia? ¿Catalunya? No, Espanya. ¿Quí mos utilisa com a moneda de canvi per a quedar be en els seus socis? ¿Catalunya? No, Espanya. ¿Quí mos llevà els Furs en 1707? ¿Catalunya? No, Espanya. ¿Quí feu la divisió provincial que tan dividits mos té als valencians? ¿Catalunya? No, Espanya. ¿Quí mos otorgà un estatut d'autonomia de quinta categoria i redactat des de Madrit? ¿Catalunya? No, Espanya.

¿Quí té poder per fer tot açò i més, Madrit o Barcelona? Pensa-ho. Si en Madrit no vullgueren, els catalans no podrien fer-mos res pero si patim lo que patim és perque no importem res a Espanya, per tant no tenim per qué ofrenar noves glòries a un Estat que mos somet a l'extermini cultural i que anhela arrasar-mos com a poble. Per supost, l'espanyolisme i el catalanisme van fent-mos mal en l'inestimable colaboració de rates colaboracionistes naixcudes en la nostra terra. Traïdors i renegats als que no puc considerar valencians sino espanyols o catalans. Si Catalunya mos fa mal és en el vist i plau de l'Estat Espanyol, per a qui som una moneda de canvi. Que ningú siga tan ilús de pensar que Catalunya mos podria fer mal si a Espanya li importàrem sols un poc. Ara mateix tenim moltíssims problemes derivats de la nostra pertinença a Espanya que no tindríem si no fórem espanyols. En una Valéncia independent no seríem moneda de canvi de ningú ni tindria força cap dels chantages de Catalunya. Per lo que la llengua valenciana seria oficial en totes les de la llei.

Per damunt de Catalunya, el perill és Espanya, que és la que mos està venent a trossos als catalans, la que tracta a Valéncia com una bagassa que se subasta al millor postor. El Regne d'Espanya és una prolongació de Castella, un Estat opressor de pobles, una presó de nacions, un camp d'extermini de llengües i cultures, un ent artificial i contranatura forjat per la força salvage de les armes. No podem continuar en un Estat injust –Espanya– que no respecta els nostres drets, no podem continuar ofrenant glòries a una Espanya que agenolla i humilia als valencians dia a dia. És hora de pensar més en Valéncia i menys en

Espanya. Els valencians primer, el restant en acabant. Si no mos fem de respectar no esperem que mos respecte Espanya. Si no volem lo nostre, no esperem que ho faça Espanya. Si no prestigiem lo nostre tampoc ho farà Espanya. Deprengam a voler-mos, respectem-mos i fem-mos de respectar, defengam lo nostre front als avassalladors, mos cal recuperar l'orgull, l'autoestima i l'amor propi perduts. Front a les cadenes de l'esclavitut cal cridar que ya hi ha prou.

No faltarà qui diga que açò no és culpa d'Espanya sino dels polítics. I parcialment té raó. Pero només parcialment. És evident que Antonio López, quiosquer de Logronyo, i José García, soldador en Jaén, no mos han fet absolutament res. Pero quan yo parle d'"Espanya" ho faig en un sentit ample. No em referixc només als polítics espanyols –i les seues rates colaboracionistes de la nostra terra–. Em referixc també per eixemple als militars, disposts a traure els tancs al carrer si t'atrevixes a convocar un referèndum d'autodeterminació. O la prensa, que criminalisa al valencianisme i el mostra com si fora d'ultradreta. Parle dels intelectuals, com ara els de la RAE que redacten en el seu diccionari que el valencià és una variant del català. Parle de la societat civil, la de la gent d'a peu. Per eixemple de tots eixos aragonesos als que els paguem les pensions i que mos bramen que ni una gota d'aigua per als valencians. O la dels manchecs, que porten vivint ací cinquanta anys i ni es molesten en dir "bon dia" en valencià. En definitiva; no parle de ningú i parle de tots.

No faltarà qui diga que açò no és la culpa d'Espanya sino la dels propis valencians, que som els que al cap i a la fi triem als nostres governants ab el nostre vot. I és veritat. Pero yo quan em referixc a "Espanya" i als "espanyols" incloc ahí també a molta gent naixcuda ací. Per eixemple, per a mi l'expresident de la Generalitat, Joan Lerma, no és un valencià sino un "espanyol naixcut en Valéncia" igual que Joan Fuster és un "català naixcut en Valéncia". En absolut puc considerar-los valencians, per molt que hagen naixcut ací, ya que ells mateixos no tenen en estima la seua condició de valencians o inclús reneguen d'ella. I en la nostra societat, desgraciadament, hi ha molts "espanyols naixcuts en Valéncia" pero "pocs valencians". Mosatros mos sentim espanyols i votem en clau espanyola. I aixina mos va de malament. L'espanyolisme no només no és un aliat del valencianisme en contra de Catalunya sino que és un aliat del catalanisme en contra de Valéncia. Pero la gent està tan enamorada d'Espanya que no obri els ulls. Ausades que hi ha amors que maten.

Al remat, tot és una qüestió de consciència. De si som conscients o no de ser valencians. De si veem la valenciania com una identitat o com una anècdota. De si entenem que haver naixcut en Valéncia és un orgull o és una casualitat. De si pensem que ser valencians és la nostra forma de ser espanyols o de si ser valencians és la nostra forma de ser persones. El poble valencià té consciència de poble espanyol. I estem tan embadalits pensant en Espanya que se mos ha oblidat que som valencians. Som valencians i quasi no mos donem conte. No li concedim importància a ser-ho. No tenim una autèntica consciència de ser valencians, ya que per a mosatros tot lo valencià és secundari i queda relegat per lo espanyol. I lo que reclame és una metanoia, un canvi radical de mentalitat. Que passem a vore-mos com a valencians primer i per damunt de tot. I en acabant de valencians, podrem ser espanyols, europeus, socialistes o lo que faça falta. Pero per damunt de tot hem de sentir-mos valencians, recuperar la consciència perduda de poble: la consciència de ser valencians.

Valéncia, una nació cultural que un dia fon nació política.

Hui en dia es debat molt sobre el concepte nació, concepte discutit que té molts matisos. Pero ¿és Valéncia una nació? L'historiador alemà Friedrich Meinecke fon l'autor de la distinció, que ya ha devingut clàssica, entre nació política i cultural. Per a Meinecke la nació cultural és prèvia i per tant, més antiga, que la nació política moderna o Estat-nació. La nació cultural "es basa en la possessió comuna d'una cultura" mentres que l'Estat-nació descansa "sobretot en la força unificadora d'una història i una constitució política comuna". Per ad este teòric un Estat nacional havia de ser l'evolució natural d'una nació cultural ya que l'autèntic material "natural" de l'Estat és el substrat cultural permanent (o nació cultural).

L'evolució de la nació cultural antiga cap a un estadi superior exigix ademés una atra condició: la "voluntat" de la comunitat de "ser una nació" que se traduïx en la consciència nacional. El contingut de la voluntat o consciència nacional de la comunitat pot tractar-se de voler o de no voler ser nació i de cóm siga més o manco de forta esta voluntat. En este sentit, hi ha dos punts clau en el pensament de Meinecke: primer, que la nació política moderna és una necessitat històrica que pot deduir-se en la mateixa idea de la nació cultural antiga i, per tant que és expressió d'esta, i segon que tota nació cultural troba la seua realisació històrica en la nació política, o siga, en la conseqüència d'un Estat-nació.

Friedrich Meinecke advertix, no obstant, que generalment no hi han criteris vàlits per a diferenciar una nació d'una atra.

"Un lloc comú de residència, uns ancestres comuns o, més exactament, des de que no hi ha nacions racialment pures en un sentit antropològic, una mescla de sanc comuna o similar, una llengua comuna, una vida intelectual comuna, un Estat comú o una federació de varis Estats similars; totes estes coses poden ser importants i essencials elements i característiques d'una nació, pero això no significa que totes les nacions hagen de posseir-les totes per a ser una nació" –explica el prestigiós historiador alemà–. En qualsevol cas, la nació cultural resulta anterior a la nació política o Estat-nació.

Actualment, el vocable nació en el sentit polític s'entén com a sinònim de país independent o Estat sobirà (és dir, Portugal, Bèlgica o Espanya) mentres que el de nació en el sentit cultural es pot entendre com una comunitat o poble que compartix unes característiques socioculturals pròpies i un sentiment d'identitat que li otorguen el dret a constituir-se, si ho vol, en un Estat independent, si és que no ho és ya (ahí podríem incloure a Euskadi, Flandes o Escòcia). Aixina, la nació cultural pot coincidir en la nació política. Per ad això l'Estat sobirà deu contindre a un poble homogéneu des d'un punt de vista cultural. Este tipo de casos sol trobar-se en Estats menuts (Eslovènia, Lituània, Liechtenstein, Kuwait o Malta).

Per contra, l'Estat que no conté culturalment parlant a un sol i homogéneu poble-nació sino a varis pobles diversos és un Estat plurinacional, puix alberga dins d'un sol Estat a més d'una nació cultural. El criteris culturals més bàsics i distintius són l'idioma i la religió, per lo que un Estat plurinacional sol ser sinònim de plurilingüe o multirreligiós puix llengua, religió i cultura solen anar juntes. Espanya, França o Itàlia són Estats plurinacionals. I dins d'un Estat plurinacional hi ha per lo tant diverses nacions sense Estat; uns pobles en unes característiques culturals molt delimitades i concretes pero que carixen d'un Estat independent propi. És llegítim que una nació cultural es dote d'una nació política, com va fer Israel.

Meinecke defenia l'Estat nacional alemà com a depositari de la nació cultural alemana. Certament, hi ha un poble ab una mateixa cultura comuna (germànica), ab una llengua comuna (l'alemà), ab una base religiosa comuna (cristiana) i ab una voluntat comuna de ser una nació. Per això és que eixe poble o nació cultural es dotà d'un Estat o nació política. D'igual manera també existix una nació cultural valenciana que compartix una cultura comuna i que inclús gojà en el passat d'una nació política valenciana (un Regne de Valéncia independent durant varis sigles). Si algun dia recuperem la consciència de ser valencians podrem dotar-mos d'un Estat-nació que preserve la nostra llengua, idiosincràsia i estil de vida.

La Nació Valenciana.

Seguint a l'autor Friedrich Meinecke, la nació cultural es basa en la possessió comuna d'una cultura. I Valéncia és nació. Per història, tradició, identitat i cultura som nació. El poble valencià té llengua i cultura pròpies, lo qual el diferencia d'uns atres pobles europeus i li otorga una identitat singular. La nostra cultura és una de les més grans. No només tenim un idioma comú conreat en la nostra terra (el valencià) i una comuna base religiosa (cristiana). També tenim una rica gastronomia (la paella valenciana, fideuada, orchata...), les nostres festes autòctones de talla internacional (la Magdalena de Castelló, les Falles de Valéncia, la Tomatina de Bunyol, les Fogueres d'Alacant, el Misteri d'Elig, els Moros i Cristians d'Alcoy...), deport propi (la pilota valenciana), una identitat i una idiosincràsia distintes de la dels nostres veïns.

La nostra producció cultural és vastíssima: tenim el primer sigle d'or d'una llengua neollatina, el primer diccionari romànic, la primera traducció de la *Bíblia* a una llengua romànica, el primer llibre imprés en la Península Ibèrica, la primera novela moderna de l'història, la primera fàbrica de paper d'Europa, el primer manicomi del planeta, el colege més antic del món; l'invent dels escacs moderns, l'invent de la banca i el comerç moderns, la primera lletra de canvi del món, inspiràrem el dret marítim internacional, tenim el tribunal més antic d'Europa, el primer defensor del poble de l'història, l'invent de la ràdio i un infinit etcétera que no reproduiré perque excediria l'espai. La nostra ombra és tan gran que en els últims cinccents anys sols hi hagut cinc papes no italians i la mitat d'ells és del Regne.

València és, ademés, nacionalitat històrica. El visigot Leovigilt és el primer rei documentat de València, allà pel sigle VI. El Regne de València era en aquell temps una ciutat-Estat independent. Els reis Mudafar i Mubarak fundaren en 1009 el Regne moro de València, que en 1238 fon conquistat i expandit pel monarca cristià Jaume I *el Conquistador*. Ser una nacionalitat històrica no és, com se vol fer creure, tindre un Estatut d'autonomia en temps de la república. No, una nacionalitat històrica és un territori que històricament ha sigut una nació. I a diferència de Catalunya o Euskadi, València sí fon una nació. Igual que en l'actualitat Canadà, Gran Bretanya i Austràlia són tres regnes independents en una sola regina (Isabel II d'Anglaterra) també Aragó, València o Mallorca foren tres regnes independents ab un sol rei (Jaume I).

La consciència de ser valencians

Geopolíticament parlant, el nostre és un país del tamany d'Israel compost per tres províncies (Castelló, Valéncia, Alacant) i una de les regions més pròsperes d'Europa. Som un poble pacífic que viu del comerç, del turisme i de l'agricultura i tenim vocació de modernisació, progrés i futur. Pero no cal caure en un discurs autocomplaent. No podem oblidar en cap de moment que som un poble oprimit, un país colonisat com be ho puguen ser Tíbet o Sàhara Occidental. Patim els brutals imperialismes espanyol i català. Una enorme majoria dels valencians volem una llengua valenciana independent pero els governants mos imponen el català en una política de substitució llingüística i d'extermini cultural. Qui assessina la cultura d'un poble assessina ad eixe poble. És el preu que cal pagar per no saber defendre els nostres drets.

Tres coses fan gran a un país.
A sovint es tendix a despreciar a aquelles nacions que són menudes. No obstant, en els països més grans solen estar sumits en la misèria i els seus ciutadans els han d'abandonar en la maleta baix del braç perque allí no tenen ni esperança ni futur. La grandea d'un país no depén de la seua extensió territorial sino de tres factors que són l'audàcia dels seus governants, el talent dels seus genis i el patriotisme del seu poble. Això fa gran de veritat a un país, no el seu número de quilómetros quadrats. En eix aspecte un país pot ser jagant encara que sa extensió siga reduïda o inclús microscòpica. En un atre temps complírem els tres requisits, pero hui els valencians sols complim u: el talent dels nostres genis. País de Gals, Escòcia, Islàndia, Portugal, Lituània, Holanda, Luxemburc, Dinamarca, Suïssa, Mónaco, El Vaticà, Uruguay, Israel... No són pocs els països chicotets que han

destacat en diferents modalitats (identitària, deportiva, econòmica, social, cultural, militar, religiosa, històrica...). Un dia fórem un chicotet gran país. Una gran nació. I ho podem tornar a ser.

L'estela dels patriotes.

Potser hui parlar de Nació Valenciana o d'Estat Valencià cause estranyea. Inclús és possible que aquell que s'atrevixca a defendre-la públicament puga ser considerat un radical, un terroriste o un ilús en el millor dels casos. Pero la veritat és que la Nació Valenciana és molt més antiga de lo que mos pensem, com hem dit adés. Primer és parla de la fundació del nostre Regne de la mà de Jaume I *el Conquistador* en 1238. En acabant de que els reis moros Mudafar i Mubarak crearen el Regne moro de Valéncia en 1909. I els descobriments més recents de l'arqueòlec Miquel Ramon Martí apunten al visigot Leovigilt com a primer rei documentat de Valéncia, allà pel sigle VI. Valéncia fon una ciutat-Estat durant la major part de la seua història, fins que Jaume I decidí expandir ses fronteres fins a configurar un mapa molt semblant a l'actual. En total, dels quinze sigles d'història del Regne de Valéncia durant dotze (sigle VI-1707) fon país independent. Pero a partir de la Batalla d'Almansa de 1707 és que Felip V dissol l'Estat Valencià i passem a ser nacionalment espanyols de la nit al matí.

Els nostres Furs foren defesos fins a la mort per ilustres patriotes com Francesc de Vinatea o Lluís Blanquer. El primer, un Jurat en Cap que en 1333 plantà cara al rei Alfons III el Benigne, qui volia desmembrar el Regne de Valéncia. El segon, l'últim Jurat en Cap de la nostra història que vixqué com, a partir del Decret de Nova Planta de 1707, el rei Felip V de Borbó suprimia els Furs, exterminava a Valéncia com un Estat independent i sobirà en Europa i el món. No mos podem oblidar tampoc de les revoltes de Germanies contra un orde social injust instigades per patriotes eixits del poble pla com Joan Llorenç, Vicent Peris o el misteriós L'Encobert. O Vicent Doménech *El Palleter,* qui fon el primer en alçar el seu crit llibertari de revolta contra l'invasió del dictador francés Napoleó Bonaparte. La qüestió és que sempre ha segut este un poble noble, fidel i lleal i per això sempre mos hem trobat en veïns que mos han volgut avassallar. Per això, la millor vacuna que podem tindre front a les injustícies és conéixer l'història i reforçar la nostra identitat com a poble.

A principi de sigle XX, el Partit Republicà Democràtic Federal de Francesc Pi i Margall tenia previst fer d'Espanya un Estat federal dins del qual hi hauria un Estat Valencià. Els republicans firmaren en Alacant en 1904 un proyecte d'Estat Valencià que contaria en una Constitució Valenciana. Segons el proyecte, la sobirania recaïa en el poble valencià (no en l'espanyol, com ara), es garantisava l'unitat de València, es preveïa un Congrés i un Senat valencians, i contemplava la creació d'un eixèrcit valencià que dividia en permanent i de reserva. Pertanyien al primer només els voluntaris i al segon, tots els ciutadans entre 21 i 40 anys. S'eliminaven les Diputacions i les províncies i s'establien les comarques com estadi intermig entre els municipis i l'Estat Valencià. Desgraciadament, ya sabem que les circumstàncies històriques impediren una República Federal Espanyola, pero d'haver-se conseguit estes hagueren segut les competències de l'Estat Valencià. Fon només un proyecte pero sa existència és molt ilustrativa i parla de l'unitat dels valencians que no tenim hui.

Ya en 1902 el patriota Faustí Barberà advertí: "¡Alerta, fills de Valentinia, fills del Regne Valencià, alerta! Alerta que el modern instrument de conquista és la llengua. A defendre els drets de preeminència que sus les demés llengües té dins de nostra Patria la nostra llengua valenciana, la llengua de les nostres mares. A repelir la invasió, l'odiosa invasió de qualsevol llengua forastera..." En 1915, un atre patriota, Rafel Trullenque, denuncià el rentat de cervell que mos ha fet Espanya: "Hui estem casi del tot descastats. ¡A tal grau d'inconsistència hem arribat, dut per Castella! Tirànicament primer, insidiosament més tart, Castella mos ha anat conquistant fins a posseir-mos. Mos impongué sa història, sas lleis i fins sa llengua, i hui mos trobem tan castellanisats, que més pareguem fills de Castella que de Valéncia. L'Història de Castella la nomenem Història d'Espanya; la llengua de Castella li diguem llengua espanyola i mentrimentres mosatros hem oblidat nostra història i nostra llengua, i ya millor pareixem una colònia de Castella que un regne lliure d'Espanya".

El nacionaliste valencià Gaetà Huguet reclamà: "Viure, resorgir, tornar a ser els valencians dins d'Espanya lo que fon la nostra Nació Valenciana en la quinzena centúria dins de la gran Confederació Aragonesa, a saber, lo Verp eloqüent i lo Cervell director, és a lo que mosatros aspirem. Volem i desigem, dit en atres paraules, el renaiximent de la gran família valenciana, del gran poble valencià". Huguet professava "l'amor a la nostra terra i l'odi africà al centralisme, convençuts de que d'ell brollen lo decaïment de la nostra raça i l'anèmia moral del nostre poble". També criticà el pancatalanisme, una idea que considerava "no solament humiliant, sino que destructora dels més cars dels nostres ideals. Si ella, contra lo que esperem, prenguera cos en Valéncia, los de Castelló mos faríem independents; i la combatríem fins a quedar-ne u dels nostres". El valencianisme aspirava a la federació de la nacionalitat valenciana en les demés nacionalitats ibèriques, i inclús europees, "sense l'humiliant tutela de castellans i catalans" i portant com a estandart la nostra llengua: el valencià.

Josep Mª Bayarri[8] afirmà: "Independència d'una Nació és l'eixercici del dret natural que tenen les Nacions a regir-se i governar-se". "L'independència d'una Nació se fa efectiva per la possessió d'un Estat propi". "Un Estat és l'organisme encarregat de proveir les necessitats de la Nació respectiva". "La Nació Valenciana ara no té el seu Estat nacional reconegut puix està subjecta a l'Estat Espanyol". "La Nació Valenciana ha tingut el seu Estat nacional, reconegut per les Nacions, i per això aquells temps foren els de major progrés de la civilisació valenciana". "El perjuí que li sobrevé a la Nació Valenciana d'estar subjecta a l'Estat Espanyol és l'anulació de tota la seua vida essencial per l'imposició centralista d'unes lleis, d'una ensenyança, d'una cultura i d'una llengua estranyes que li ofeguen l'expressió de la seua inqüestionable personalitat". "L'afany dels valencians se deu orientar al reconeiximent general de la personalitat de la Nació Valenciana, i a la consecució de l'Estat nacional valencià per tots els mijos possibles". Independentisme en ple 1922.

I és que si algú apostà de veritat per l'independència de la Nació Valenciana fon l'escritor Josep M. Bayarri, qui plantejà la teoria del supremisme, que filosòficament consistia en ser catòlic i nacionaliste. En resum, Deu i Pàtria.

---

[8]   Josep Maria Bayarri defengué l'independentisme allà per 1922. Encara que, desgraciadament, molts dels seus escrits permaneixen inèdits, podem saber molt d'ell gràcies al seu biógraf Carles Recio, qui estudià la seua vida i obra. Carles Recio és, en tota seguritat, l'escritor valencià que més i millor s'ha ocupat d'investigar el nacionalisme valencià.

Era la seua particular visió del nacionalisme valencià. Bayarri ho tenia molt clar: "La Nació dels valencians és Valéncia, o siga, la Nació Valenciana". "¿Té Valéncia totes les característiques de Nació? Valéncia té totes les característiques de Nació, puix té un territori, un idioma, una religió, un art, un dret, unes costums, una sicologia, història i tradició peculiar i distintives" –dia Bayarri–. I no em puc oblidar de tants atres autors que han lluitat per la nacionalitat valenciana, com Josep Giner, Nicolau Primitiu, Miquel Adlert, Julià San Valero, Francesc Almela i Vives, Federic Feases, Carles Recio, Joan Culla, Chimo Lanuza, Josep Esteve Rico... Per la sanc dels nostres antepassats, per la llibertat dels nostres fills, cal seguir l'estela dels patriotes valencians d'ahir, de hui i de sempre si volem tornar a ser la nació lliure que fórem un dia.

Motius per a l'autodeterminació.

"Tots els pobles tenen el dret de lliure determinació. En virtut d'este dret establixen lliurement la seua condició política i proveïxen aixina mateix al seu desenroll econòmic, social i cultural". Aixina està arreplegat el dret d'autodeterminació en el Pacte Internacional de Drets Civils i Polítics adoptat per l'Assamblea General de l'Organisació de Nacions Unides (ONU) el 16 de decembre de 1966. És este un dret humà bàsic i fonamental de tots els pobles, avalat inclús per la Comunitat Internacional. Els valencians tenim l'irrenunciable dret a ser lliures. L'història mos avala, puix fórem un Estat sobirà durant vàries centúries. També la cultura, puix tenim una llengua, cultura i identitat pròpies i diferenciades. També la sobirania popular, ya que no hi ha raó per a que l'opinió pública internacional accepte l'autodeterminació en uns casos (Palestina, Quebec) pero el condene en els que no li agrada. I finalment, el descontent social. Un Estat és com un matrimoni; si hi ha amor junts fins que la mort mos separe. Pero per a aguantar infidelitats i maltractaments millor separar-mos.

¿Cap de ratolí o coa de lleó?

Quan algú mos pregunta si volem ser cap de ratolí o coa de lleó vol dir si preferim ser una part important d'un tot menut i d'escassa importància (cap de ratolí) o una part insignificant d'un tot majestuós i gloriós (coa de lleó). Confesse obertament que soc dels que sol defendre la primera opció; si fora un futboliste d'èlit preferiria ser el màxim golejador de la lliga jugant en un equip humil que guanyar la Copa d'Europa en un club gran en el que soc suplent i no jugue gens ni mica. Crec que és millor una nació valenciana lliure i sobirana a on mosatros tingam tot el control que estar integrats en una unitat superior molt més gran –dis-li Espanya, dis-li Unió Europea– en la que som tan chicotets que no pintem res.

El noveliste català Manuel de Pedrolo es mostrava poc inclinat a que Catalunya formara part d'uns hipotètics Estats Units d'Europa. Ell argumentava que si els catalans ya eren minoria a nivell d'Espanya, passarien a ser insignificants en un futur superestat europeu, que de tan jagant reduiria l'influència del poble català pràcticament al no res. Pel que sembla, Pedrolo preferia que Catalunya fora un chicotet país independent, encara que fora tan modest que en la pràctica ni el saberen ubicar en el mapa, que renunciar a la llibertat i a la sobirania per a dissoldre's en una regió que no contara per a res dins d'una futura i jagantina República Europea. Ell tenia ben clar que era millor ser cap de ratolí a ser coa de lleó.

Una visió radicalment diferent tenia l'escritor valencià Federic Feases i el seu grup de les Tertúlies d'El Cabanyal en el text *El castellanisme:* "Europa és econòmicament inevitable, i per tant, o juguem a ella (com per eixemple, Luxemburc) o no jugarem (seríem com Albània)". Des de la seua perspectiva Europa és una via irrenunciable. Com ho és per a molts grups nacionalistes (independentistes catalans, escocesos, corsos...) que volen deslligar-se dels seus actuals Estats per a poder integrar-se directament en l'Unió Europea sense més intermediaris. Per a tots ells d'alguna forma l'Unió Europea és el destí final a on anirien a parar tots els camins, la gran solució a on tots els pobles mos podem retrobar per a viure junts.

Per a Feases, fòra de la UE seríem un país pobre. Pero esta idea és falaç: Groenlàndia, Feroe, Islàndia; Noruega, Andorra, Mónaco, Suïssa, Liechtenstein, San Marino, El Vaticà o Israel són prova viva de que se pot estar fòra de l'Unió i al temps ser una nació pròspera. Personalment, pense que lo ideal seria un Estat Valencià independent separat d'Espanya i de la UE. Tot lo que necessitem és un tractat de lliure comerç en la UE per a comprar i vendre productes i servicis sense pagar aranzels. No necessitem allaus de gitanos rumans que venen a captar ni que la nostra economia se supedite als interessos de Brusseles. Un tractat de lliure comerç és tot lo que necessitem d'Europa per a ser un país ric.

Tal i com està plantejada l'actual Unió Europea, només té sentit per a dos classes de països: els que veuen en la UE un substitut de l'antic imperi colonial (França i Alemanya) i els que els interessa estar perque reben subvencions (Polònia, Bulgària, Romania...). Pero per als demés no hi ha un especial benefici més allà del lliure comerç. Si l'actual

Espanya pinta poc en la UE, imagina qué pot pintar un Estat Valencià sobirà. No parlem del dia en que entre Rússia, en els seus 140 millons d'habitants. Eixe dia Moscou donarà les órdens i els demés sols podrem dir "sí, buana". Pero si passàrem de l'actual Europa dels Estats a una Europa dels pobles, ab Estats europeus més menuts i homogéneus podria ser distint d'ara.

El pensador Leopold Kohr sostenia que una de les raons per les quals hi ha conflictes en el món és perque hi ha Estats grans. De fet, les guerres solen ser desencadenades per països d'una certa grandària mentres que els menuts solen ser més pacífics, Per ad ell, l'excessiu tamany de molts Estats supon que alguns vullguen avassallar a uns atres pobles veïns, que hi haja un desenroll econòmic no sostenible i una desconexió i un alluntament cada volta major entre els ciutadans i l'Estat. La solució per ad ell passava per una reordenació del mapa mundial que deixara pas a Estats més menuts; a una societat europea basada en menudes unitats autònomes. Tocava passar de l'admiració per lo gran a rendir cult a lo menut.

També l'empresari Freddy Heineken es movia en una llínea pareguda a Kohr. Heineken fon un declarat europeiste. Ell somiava en uns Estats Units d'Europa composts per Estats membres menuts. La proposta de Heineken comportaria la creació de dotzenes de nous Estats europeus, els quals tindrien una població menuda (la majoria entre cinc i dèu millons), una base històrica i deurien ser ètnicament homogéneus. L'idea és que en un número gran d'Estats-membres menuts seria més fàcil governar una estructura europea que en una sèrie d'Estats grans que competixen pel domini d'Europa. Tal idea ha assentat les bases del concepte "Europa dels pobles", defés pels colectius nacionalistes hui.

Una Europa dels pobles potser sí podria resultar interessant per a Valéncia. Seria qüestió d'estudiar detingudament el cas. De totes formes, el poble valencià mai deuria renunciar al seu llegítim dret a l'autodeterminació. La possibilitat tant d'entrar com d'eixir en Espanya o en la UE, deu passar per un eixercici democràtic, per una decisió sobirana. Lo que és del tot innegable és que si els valencians volem sobreviure com a poble diferenciat en el món, necessitarem dotar-mos d'un Estat propi a on mosatros sigam majoria social i ètnica. Un Estat independent, un Estat lliure associat... Fòrmules hi ha vàries. Valéncia deu tindre un lloc en el conjunt de nacions i pobles sobirans del món. És l'irrenunciable dret a ser lliures.

Qüestió d'identitat.

Els valencians tenim, com a mínim, una doble identitat; la de valencians i espanyols. El problema no és que hi hagen valencians que se senten espanyols sino que hi hagen valencians que no se senten valencians o que se senten més espanyols que valencians. Segons el sociòlec Rafel Castelló esta doble identitat pot ser afrontada de dos modos: sentint a Valéncia com a nació –per lo que passes a sentir a Espanya com a Estat– o sentir Valéncia com a regió –per lo que Espanya se sent com nació–. És esta última la que realment deuria alarmar-mos, no tant la primera puix el gran defecte dels valencians és que sempre pensem abans en Espanya que en Valéncia, fins al punt de que no mos importa que la segona ixca perjudicada si açò aporta algun benefici a la primera, per mínim que siga. Per això mos prenen sempre el pèl.

Un cas paregut és la doble identitat que senten els valencians pancatalanistes; alguns se senten únicament catalans i uns atres tenen una identitat regional (Valéncia) i atra nacional (la Gran Catalunya o països catalans). Obeïx a un cas d'acusat complex d'inferioritat i d'autoodi manifest al voler ser una cosa que els valencians ni hem segut mai ni som ni mai serem: catalans. En el fondo, els valencians pancatalanistes senten cap a Catalunya la mateixa relació de vassallage i de fidelitat canina que els valencians espanyolistes senten cap a Espanya. Cap dels dos grups presenta una verdadera fe en el poble valencià, i en el fondo no es plantegen que Valéncia puga tindre la seua identitat pròpia sino que lo més indicat –des del seu punt de vista– és que sigam els criats d'uns atres de fòra que venen a la nostra casa a dir-mos lo que hem de fer.

Ab el progressiu procés de construcció nacional europea és molt possible que els valencians passem en un futur a sentir de forma majoritària una triple identitat (si és que no la sentim ya): valenciana, espanyola i europea. En el pas del temps molts dels que ara senten a Espanya com a nació passaran a sentir a Espanya com a regió i a Europa com a nació, en lo que l'identitat nacional –o inclús regional– de Valéncia, es pot vore molt debilitada o inclús extinta. ¿Qué passarà? O be totes les identitats nacionals es dissolen en benefici de l'europea (el model d'Estats Units) o be els pobles reforcen més encara els seus sentiments nacionals dins d'eixe futur superestat (com en l'Unió Soviètica). És una incògnita i dependrà molt de cóm se facen les coses. Pero és evident que l'Unió Europea (UE) cada volta estarà més present en les nostres vides.

Ausades que les nostres identitats més que dobles poden ser múltiples: una persona se pot sentir alzirenya, riberenca, valenciana, espanyola, europea, terrícola, ciutadana del món, socialdemócrata, republicana, fallera, futbolera, bibliòfila, aficionada a l'astronomia i coleccionista de sagells. Una persona pot identificar-se en tot això al mateix temps. I està molt be. El problema radica quan a l'hora de seleccionar les nostres prioritats, veem que per a mosatros és més important ser espanyols, futbolers o aficionats a l'astronomia que valencians. Perque si per un instant deixem Deu a banda –Deu és lo més gran que hi ha i deuria ser sempre la prioritat número u en la vida de tots els sers humans–, per a un valencià ser i sentir-se valencià, identificar-se com a valencià, deuria ser lo més important del món. Desgraciadament, no sol ser aixina.

Ser valencians.

Hi ha qui diu que ser valencians és la nostra forma de ser catalans. Atres comenten que ser valencians és la nostra forma de ser espanyols. Uns tercers diuen que ser valencians és la nostra forma de ser europeus. També estan aquells que es denominen ciutadans del món, que és com no ser res o com no pertànyer a cap lloc. Per a mi, ser valencians és la nostra forma de ser persones. El fet de voler ser valencià –i d'eixercir de valencià– és un sentiment que es porta dins del cor, és una forma d'encarar la vida, és una forma de viure, d'existir, de ser. Com diria l'intelectual Salvador de Madariaga: "Valéncia només vol ser Valéncia". Els valencians som un poble que té una nació de passat gloriós, present fosc i futur incert. Hem de sentir-mos molt orgullosos de ser valencians i d'eixercir de valencians, igual que catalans o vascs estan orgullosos de ser i d'eixercir com a tals. I això passa per prestigiar tot lo valencià i per posar a Valéncia per damunt de tot –en la sola excepció de Deu–. Com digué Julià San Valero: "Si som lo que som, serem. Si som lo que són, mai serem".

Josué Ferrer

DOLOR DE LLENGUA

"Quan un poble ya no s'atrevix a defendre
la seua llengua està llest per a l'esclavitut".
Remy de Gourmont (escritor, periodiste i crític).

Bilingüisme unidireccional.

A sovint es parla de bilingüisme des de l'administració i des del poder. Pero este bilingüisme és una mentira, un eslògan, un ardit més de la doble moral de lo políticament correcte. I és que el bilingüisme que tant fomenta la governació és, en molts casos, un bilingüisme unidireccional. És com si els únics en l'obligació llegal, oficial i moral de conéixer les dos llengües fórem els valenciaparlants i que els hispanoparlants estigueren eximits d'eixa responsabilitat. Sempre que es parla de bilingüisme es fa en un sentit de que hem de ser els valencians els qui sapiam parlar espanyol per a comunicar-mos en els de fòra pero que els forasters no tenen absolutament cap obligació de deprendre el valencià a l'instalar-se en la nostra nació. A mi ningú em pot obligar a parlar-li en espanyol a un ciutadà puix l'Estatut d'Autonomia està del meu costat i si decidixc fer-ho en un moment donat serà perque este individu no m'entén, per pura cortesia i educació cap ad ell. Ara be, també yo espere que per la seua part es moleste en deprendre l'idioma valencià per cortesia i educació cap a mi.

Tots junts hem d'unir forces a l'hora d'integrar als immigrants, cada volta més abundosos en la nostra nació. Cal acceptar als forasters, que deprenguen l'idioma, que formen part de la nostra cultura, que es senten com en casa. Pero els forasters recelen. Exigixen que els parles en espanyol –encara que entenguen el valencià– i volen que sigam mosatros els qui mos adaptem ad ells. Això és perque el valencià no té cap utilitat, no el necessites per a *ser algú*. Per tant casi ningú es molesta en deprendre'l. En Catalunya, com el català és necessari, els immigrants són els més catalanistes de tots. Estic fart de que em diguen que dec parlar en espanyol per respecte als de fòra; són els de fòra els que han de parlar en valencià per respecte als d'ací, ¡que per alguna cosa estem en la nostra terra! Si u vol viure en França, ha de deprendre el francés. Puix si u vol viure en Valéncia ha de deprendre el valencià. És lo mínim que pot fer en agraïment a una nació que l'ha vist nàixer o que l'ha acollit i que li oferix unes oportunitats i un nivell de vida que li serien negats en un atre lloc.

És difícil demanar a u de fòra que parle una llengua que molts valencians ningunegen a diari. Pero els valenciaparlants tenim l'obligació de tractar d'expandir, en la mida de les nostres possibilitats, la llengua valenciana en el nostre entorn. ¿Cóm? Estudiant cursos de llengua i cultura valencianes. Parlant i escrivint en valencià. Animant als hispanoparlants a que usen el valencià. No és un idioma difícil com el sànscrit, l'alemà, l'euskera o l'arameu. Qui no domina el valencià és perque no vol i punt. Yo fon educat com a castellaparlant. Era incapaç de pronunciar dos frases seguides fins als vint anys, edat en la que em decidí per fi a deprendre la llengua. Al principi parlava com els indis, en moltes espardenyades i un accent espanyol que em delatava pero només al cap de dos anys dominava un valencià tan bo que la gent em felicitava de l'accent tan pur que tenia i es pensava que els meus pares m'havien educat en eixa llengua des del breçol. Per tant, això de que u no la parla perque no sap és mentira; és que no vol saber. Si yo he pogut fer-ho, una atra gent també pot.

Devem incitar a familiars, amics i coneguts a que deprenguen l'idioma i el facen servir. Cal animar-los i sobretot fer-los vore que valorem molt positivament el seu esforç. Queda terminantment prohibit burlar-mos del nostre interlocutor per molt espantós que parle l'idioma perque llavors s'ofendrà (i en raó), se passarà a l'espanyol i ya mai conseguirem que es moleste en deprendre una llengua cap a la qual sentirà odi. Cal fer lo contrari; animar-lo, corregir-lo, ajudar-lo (com insta el professor de valencià Joan Batiste Sancho i Gea en el seu ya célebre *Decàlec del Valenciaparlant*). A priori hem de dirigir-mos a tot lo món sempre en valencià i si el nostre interlocutor mos entén, continuar en est idioma, encara que responga en un atre. Cal respectar als atres pero també exigir un respecte per a la societat i la cultura valencianes. Si parles de modo continuat i persistent en valencià a un hispanoparlant, en un número elevat de casos canvia al valencià (si el coneix, clar; puix si l'ignora és impossible). És com un joc; a vore qui resistix més temps i qui dels dos canvia abans.

Per a ilustrar açò contaré una anècdota molt reveladora. Tenia yo en la Facultat un professor que a pesar de ser bon home era també un franquiste de tres parells de nassos. Era dels típics dinosauris que sempre parlen en espanyol, que els molesta que la gent s'expresse en valencià i dels qui creu que en una classe de vora cent persones mos hem d'expressar en espanyol "per respecte" als alumnes de fòra del Regne (que sols eren dos o tres i per a més inri entenien el valencià). A l'hora de fer les pràctiques en classe, els estudiants –inclús els pancatalanistes recalcitrants– s'acovardaven de tal manera que tots les feen en espanyol. Tots excepte yo. ¿El resultat? Al final, animava als alumnes a fer activitats en valencià i em responia en la meua llengua quan em dirigia ad ell. Si tal canvi es pot obrar en un home aixina, que és d'ideologia ultraconservadora i que gojava d'una postura molt superior a la meua (de voler-ho, em podria haver suspés) ¿qué no es podria fer en un atre, més moderat i dialogant, i que no eixercix poder directe ni posició preponderant sobre u?

Hem d'esforçar-mos per tal de dotar al valencià d'una aureola de prestigi que el faça atractiu. Els valenciaparlants no som tarroços ni poblerencs; ans al contrari dominem dos llengües i els monolingües només una, per lo que els primers posseïm un tesor cultural doble i els atres són com qui diu uns analfabets. El valencià deu ser sinònim de prestigi social, no és un idioma insignificant sino una llengua dolça i fermosa que feu factible el primer sigle d'or lliterari de totes les llengües neollatines, és la llengua de la poesia i de l'amor. És per això que no podem permetre que s'arracone el valencià a un reducte folclòric. La nostra llengua fon un instrument de cultura, sapiència i prestigi i tornarà a ser-ho si creem en ella, si apostem per ella. L'islandés –en només trescentsmil parlants en tot el planeta– té un Nobel de Lliteratura (Haldor Laxness, 1958), ¿quí diu que els valencians no podríem conquistar u en el futur? Promoure el valencià és promoure la societat valenciana i per això els qui no vullguen defendre-la –siguen nacionals o foràneus– insulten lo nostre i lo que som.

Els fruts estèrils del pancatalanisme.
València pareix un esperpent de l'escritor Ramón del Valle-Inclán o una película del director Lluís García Berlanga. L'Estatut assegura que la llengua oficial és el valencià, pero en la pràctica és el català. El català en les escoles s'impartix baix el nom de *valencià*. Segons el CIS de 2004, el 70% de valencians afirma que valencià i català són

dos llengües distintes. Pero degut a l'ignorància, la covardia i el meninfotisme dels valencians, patim un etnocidi. Ab esta estèril guerra llingüística es dispara l'us de l'espanyol –encara més per l'immigració– i el poble valencià es troba adormit, comatós, acomplexat i dubta de la seua identitat. A nivell d'ensenyança, els jóvens –i per tant el futur– no s'identifiquen en eixe català de laboratori que deprenen en les escoles. La matèria de *valencià* (català) és una de les més odiades en l'escola (això no és cap de novetat) i la joventut com que no se sent identificada en eixa llengua estranya que poc té a vore en el modo de parlar dels seus familiars, amics i veïns sol reaccionar a través de tres formes distintes. Curioses les tres.

<u>1) Continua parlant el valencià genuí</u>. Molts chiquets valenciaparlants es passen al valencià oral en que li han educat sos pares, deixant de costat i rebujant l'adoctrinament català de l'escola. El resultat sol ser que el jove domina un idioma que és eminentment oral, que és incapaç d'escriure i que ademés desborda castellanismes. Molt provablement el jove utilisarà el valencià en el seu entorn pero en acabant recorrerà a l'espanyol per a fer un escrit, degut a que no s'identifica en una ortografia catalana que, ademés d'aliena, resulta extremadament complicada. La substitució llingüística (disfrassada de normalisació) que pretén substituir tots els modismes valencians per atres barcelonins (considerats *científics* pel sol fet de ser de Barcelona) choca de ple contra la forma de parlar del valenciaparlant. El valencià queda per tant confinat a un reducte oral, popular, quasi folclòric i l'usuari veu l'espanyol com a idioma de prestigi. Això provoca un complex d'inferioritat que produïx que el valenciaparlant canvie de llengua quan un hispanoparlant es dirigix en espanyol cap ad ell.

2) <u>Es passa a l'espanyol.</u> Com que la matèria de *valencià* (és dir, català) li sona peregrina i estranya, l'estudiant es refugia en l'atra llengua oficial: l'espanyol. L'estudiant s'identifica ab esta llengua puix veu que lo que li ensenyen en l'escola i lo que parla el seu entorn sí coincidix plenament en el cas de la llengua espanyola (a diferència del català que s'impartix en les aules). A sovint este tipo de jove, especialment si prové d'una família hispanoparlant, no farà el més mínim esforç en deprendre una llengua que ni parla normalment el seu entorn i que ademés la sent com a rara, aliena, distant i poc motivant. No deixa de ser paradòxic que als hispanoparlants els resulte més fàcil aprovar un examen de *valencià* que als qui són valenciaparlants de tota la vida. Ab un surrealisme tal no deu estranyar que l'espanyol siga la solució fàcil i l'espanyolisme creixca a cada dia. El fet de que s'impartixca català crea una agonia i un rebuig tan gran entre la població escolar que fa de les escoles unes fàbriques de ciutadans monolingües que no volen ni sentir parlar de català.

3) <u>Passa a ser bilingüe</u>. L'estudiant deprén el *valencià* (català) no com una llengua pròpia, sino com un idioma estranger més, com qui estudia anglés o francés. El resultat crida prou l'atenció; el ciutadà parla en espanyol normalment pero usa el català com a ferramenta de treball, per eixemple per al currículum o per a presentar-se a oposicions. Un universitari pot dominar a la perfecció l'anglés pero no parlarà en anglés als familiars. Una cosa aixina ocorre ab el català, que queda bàsicament reduït a un diploma, a una llengua que no es sol fer servir a pesar de dominar-la perque ningú s'identifica en ella. Tal sector social parla, viu i sent en espanyol i usa el català excepcionalment, quan ho requerix la situació, que sol ser laboral. Una de les sorpreses agradables

que m'he trobat és que si li parles en valencià de forma continuada a esta gent, canvia d'idioma per a respondre en el seu *valencià* per respecte a tu. Parlen un valencià paupèrrim, en un lèxic catalanisat, barbarismes i accent espanyol. Pero el sol fet de que en lloc d'usar el castellà es canvien al valencià és un detall.

Ad estos tres casos majoritaris, es pot afegir un quart, de minoritari: els pancatalanistes. Este tipo de gent sol esforçar-se més per a deprendre el català i nostra una actitut positiva cap a l'unitat de les llengües. A pesar d'això, també ad ells els és difícil substituir una llengua per una atra, i no dominen del tot el catala. He trobat casos de tots els colors: des dels qui dominen un bon català tant oral com escrit (la minoria), fins a pancatalanistes partidaris dels països catalans pero que parlen en espanyol, passant per chicons que parlen el valencià oral de tota la vida (els dels pares, el de mosatros, en, *vesprà, entonces...*) pero que sorprenentment insistixen per activa i per passiva que ells parlen en català (¿?), i per últim inclús el d'algú que a base de mirar la TV3 ara i adés intenta imitar lo que escolta, adoptant flexions verbals catalanes (*ho sento, digui...*) i vocables típics barcelonins (*bona tarda*, etc.). El resultat és un català de laboratori tan pobre, postiç i ortopèdic que delata que fa un esforç terrible per a pronunciar-lo. Sona tan artificial que a sovint qui ho parla, pareix un robot.

Conclusions:

1) El bilingüisme que es promou des de l'administració política i les altes esferes és unidireccional i afavoridor de la llengua de Cervantes. Per això, és l'obligació dels bons valencians expandir l'idioma fomentant i incitant al seu us. Una bona forma és parlar sempre en valencià a tot lo món,

encara que responga en un atre idioma. En un número elevat de casos canvien d'idioma. En lloc de burlar-mos si parlen mal, hem d'ajudar-los i fer-los vore que valorem molt el seu esforç.

2) No som els valencians qui mos hem d'adaptar als de fòra, sino ells a mosatros. Per alguna cosa estem en la nostra casa, en la nostra terra i en la nostra nació. I és que si mosatros no mos fem de respectar i no apostem per lo propi, ningú de fòra vindrà a defendre lo que és nostre. Ademés, els valenciaparlants –al ser bilingües– posseïm un tesor cultural doble i per tant, llunt de ser uns ignorants, tòfols o poblerencs com alguns mos pinten, som uns ciutadans bilingües, formats i cults.

3) La joventut (i per tant el futur) no se sent en absolut identificada en el català que deprén en l'escola i per tant fa servir el valencià de tota la vida –només en el pla oral– o es refugia en l'espanyol, que és la solució més fàcil a tant de maldecap. L'immigració incrementa la nostra crisis cultural: el valencià queda arraconat i l'espanyol es dispara en el seu us. De seguir aixina, en el futur hi hauran tres Castelles: Castella i Lleó, Castella-La Mancha i la Castella Valenciana, em tem.

4) La guerra llingüística valencià versus català està perduda des del punt de vista de la colonisació cultural catalana. El poble, en l'excepció de microscòpics grupúsculs de pancatalanistes radicals, no s'identifica ni en la llengua ni la cultura catalanes, per tant el català no pot implantar-se majoritàriament a nivell social. Per esta raó, el valencià no podrà ser completament substituït pel català pero podria ser-ho pel castellà, que pot expandir-se massivament fins a acabar en els dos.

5) Aumenta el coneiximent del català pero no el seu us. A pesar de tota la propaganda institucional que vol dotar-li d'un cert aire de prestigi, en la practica quasi ningú l'utilisa habitualment per no identificar-se en est idioma artificial. Es veu com una mera ferramenta de treball o un mèrit laboral. Hi ha una tendència naixent a pensar que és de mala educació no canviar de llengua quan l'interlocutor t'hi parla en valencià o en catala. Inclús molts demanen disculpes per no saber valencià.

6) Si la llengua valenciana fora la que estiguera present en l'ensenyança i l'administració, el poble s'identificaria més en ella. Si ad això li sumem el respecte creixent del *valencià* (català) per part d'alguns hispanoparlants, pensem que si l'autèntic valencià fora oficial i fora impulsat des de les institucions aumentaria en prestigi i us social i li menjaria terreny a l'espanyol. Si promocionem el valencià podem fer una llengua culta, prestigiosa capaç de crear una lliteratura rica.

Purificar la llengua valenciana.

Em pareix que igual que podem deprendre i copiar els mètodos polítics i estratègies econòmiques que han funcionat en uns atres Estats, també podem deprendre del funcionament i les particularitats d'unes atres llengües, idiosincràsies i cultures. Ausades que el sistema de montage i desmontage de paraules que té l'hebreu no pot ser un model importable al ser este un idioma que carix de vocals. Pero sí que es pot importar la monstruosa facilitat de l'anglés per a crear neologismes. L'anglés és un idioma que no té por de fer el ridícul, per això crea, inventa constantment nous térmens que designen unes realitats per a les quals, molt a sovint, no tenim cap de vocable que siga típicament valencià per a poder descriure-la.

No és cap de secret que el valencià carix de formes pròpies per a referir-se a alguns conceptes concrets. Per eixemple, per a parlar d'una "breu porció de temps" podem usar l'espanyol *rato* o el català *estona* puix el vocable "temps" que mos recomana el Diccionari de la Real Acadèmia de Cultura Valenciana (RACV) resulta massa imprecís i ambigu; temps pot ser un minut o una era. I com este, en tenim molts més casos aixina. Encara pijor és quan incorporem estrangerismes per a designar realitats per a les que sí tenim paraules en el valencià genuí com *footing* (córrer), *planning* (agenda), *entonces* (llavors), *papallona* (palometa), *amb* (en, ab), *avia* (yaya), *vacances* (vacacions), *e-mail* (correu electrònic), etc.

Cal lluitar contra l'allau de catalanismes, castellanismes i anglicismes que mos estan invadint en estos temps perque adoptar estrangerismes llunt d'enriquir un idioma lo que fa és empobrir-lo. Soc admirador declarat del sistema puriste islandés. En Islàndia, els estrangerismes estan prohibits. ¿Qué és lo que fan llavors ab els neologismes? Puix inventar-los ells a partir de casticismes prèviament existents per tal de no contaminar la llengua en modismes foràneus. Ya sé que Islàndia, per la seua condició de monolingüe, aïllada i insular, reunix unes condicions més favorables que Valéncia per a fer funcionar este sistema, pero aixina i tot yo vote entusiastament per, en la mida de lo possible, adoptar eixe purisme ací.

No costa tant inventar paraules: balomà (per *handbol*); balocistella (*basquet*), surf de neu (*snowboard*), globo de seguritat (*air bag*), maquinària (*hardware*); pontisme (*puenting*), afilador de llapis (*sacapuntas*)... A nivell de dits i refrans populars cal usar preferentment els autòctons en lloc de traduir els espanyols; aixina, es tracta de "tocar pèl" i no de "fotre un *polvo*", de "no dir blat fins que no el tingam al sac i encara ben lligat" i no de "vendre la pell de l'orso abans de caçar-lo". Inclús es poden crear nous refrans: "No és millor professor qui més sap sino qui millor ensenya". Mos cal un llenguage net, pur i purificat lliure d'elements estranys que, sense a penes donar-mos conte, el degraden poc a poc.

De la conveniència o no de traduir els noms propis.

Hem d'acostumar-mos a pensar en valencià i a eliminar les subordinacions (en el sentit de sumissions) llingüístiques del nostre idioma a unes atres llengües, com l'espanyol. Aposte per traduir els títuls dels llibres al valencià –encara que no existixca cap versió en valencià en el mercat–; aixina parlarem de *La guerra dels mons* i no de *La guerra de los mundos* o de *The war of the worlds*. Al cap i a la fi, si Valéncia fora un país monolingüe (valencià) tots els títuls lliteraris es trobarien en el nostre idioma nacional. O si el valencià fora una llengua forta i consolidada tots els llibres importants que es publicaren en el món tindrien la seua corresponent traducció al valencià. Si parlem en valencià, no és més llegítim dir el títul d'un llibre en espanyol que en valencià, especialment si l'obra original no ha segut escrita en cap dels dos.

I lo mateix que dic per a les obres lliteràries val per a obres teatrals, artístiques o d'uns atres àmbits culturals. En les obres musicals cal respectar el títul en l'idioma original puix és en este en el que les escoltem (el llibre es traduïx, la cançó no). Lo mateix puc dir del cine; estic radicalment en contra del caprig franquiste que supon doblar les películes. Estes han de ser en versió original i subtitulades –aixina és com són en els Estats més desenrollats del món–. Per tant, caldria parlar de *Star Wars* en lloc de *La guerra de les galàxies* o de *La guerra de las galaxias*. No doblar els films té tres ventages: protegix l'industria nacional de la competència de Hollywood, s'eviten agravis comparatius de l'estil de ¿per qué es dobla el film a l'espanyol i no al valencià, al gallec o al vasc? i es deprenen idiomes, que és lo més interessant de tot.

Pel que fa a les empreses, cal respectar escrupulosament els noms originals de les mateixes: *Grupo Correo, Microsoft Corporation, Eurocebollas,* etc. Realment seria molt ridícul i inclús estrambòtic parlar de publicacions com "El Món" en lloc de *El Mundo* o del "Notícies de Nova York" per a referir-mos a *The New York Times*. En quant als noms de persones, deuen citar-se sempre en valencià si estos són valencians, encara que originàriament estiguen en castellà (Joan Carles Ferrero, Vicent Blasco Ibáñez, etc.). Pel que fa als estrangers, estime oportú que en llínies generals es respecten els originals (Miguel de Cervantes, Bill Clinton, etc.) encara que es poden valencianisar uns quants noms si estos no mos resulten estridents a l'oït. Parlem fonamentalment dels personages històrics (Enric VIII, Cristòfol Colon, Aristòtil, etc.).

¿És la llengua propietat dels filòlecs?

A sovint els catalanistes diuen que el juí a favor de la llengua valenciana (front al català) d'intelectuals de la talla i el pes de Miguel de Cervantes, Salvador de Madariaga o Ramón Menéndez Pidal no resulta vàlit puix es tracta de gent no especialisada i que per tant no coneix el tema en profunditat, pero és que per eixa mateixa regla de tres la gramàtica catalana al sancer deuria ser desmontada de dalt a baix puix fon creació d'un home com Pompeu Fabra que era un ingenier químic i resident en Euskadi. En eixe currículum tampoc ell sembla molt especialisat per a parlar de català i menys encara de valencià. ¿No diuen els catalanistes que sols poden parlar de llengua els filòlecs? Fabra no ho era.

¿És la llengua propietat dels filòlecs? ¡No! ¡Rotundament no! La llengua és propietat exclusiva del poble, que és qui la fa servir. Els filòlecs només estan per polir i donar esplendor, per a codificar una llengua basant-se en cóm la parla el poble i no per a mamprendre una substitució llingüística a favor d'un català de laboratori, ben trist i *burrocràtic*, artificial i coent, ortopèdic i *subnormalitzat* que es troba totalment desconectat de la realitat social i popular. La llengua és dels filòlecs sí, pero també ho és dels escritors, dels intelectuals, dels professors, dels mecànics, dels forners, de la gent d'a peu... La llengua és de tots; per tant que ningú la seqüestre o s'apropie d'ella, que no la furten al poble sobirà perque és seua.

Dir que un idioma és competència exclusiva dels filòlecs i dels científics i treballar d'esquenes a la gent és la mateixa actitut fascista d'eixos caudillets que governen una república com qui governa una finca. La república és de tots pero els dictadorets es pensen que només és seua. Una cosa aixina passa en la llengua i tots eixos intelectuals de saló, que es creuen algú pel sol fet d'haver passat per una Universitat. ¿Acàs he de recordar que Noam Chomsky, el més gran llingüiste del món, afirma que en el tema de la llengua no deuen opinar ni polítics ni especialistes? ¿O que José Saramago, Nobel de Lliteratura, diu que la llengua és de qui la parla? Que la llengua és del poble i no dels filòlecs és una cosa que tenen molt clara.

La consciència de ser valencians

Ya estarà be de dir eixa burrada de que totes les Universitats del món diuen que valencià i català són lo mateix. Això és una mentira intolerable. Les Universitats no diuen absolutament res perque una Universitat és, per definició, un fòrum de debat a on es pot defendre blanc, negre, gris, vert o blau. Tu podràs dir que el professor Tal de l'Universitat Qual diu que el valencià i el català són lo mateix, pero l'opinió d'un particular no equival al pronunciament oficial d'una l'Universitat sancera. És més, l'Universitat del món que oficialment afirme que el valencià és un dialecte del català, deixa d'immediat de ser una Universitat per a convertir-se en una dictadura intelectual en la que no es permet ni la discrepància ni el debat.

Ya estarà be de dir que tots els filòlecs del món diuen que valencià i català són lo mateix i en acabant no citar els noms dels dits filòlecs, les Universitats o centres en que treballen i els estudis a on arriben a tal conclusió. Això és com no dir res. En el Congrés de Llingüística i Filologia Romàniques de 1980 que tingué lloc en Palma de Mallorca acodiren 687 filòlecs de tot el món. En este Congrés, uns catalanistes volgueren aprofitar l'acte per a que els llingüistes firmaren un document en defensa de l'unitat de valencià, balear i català. Únicament 36 romanistes (d'un total de 687) firmaren el paper. Ahí comença i acaba tota la famosa "romanística internacional" de la que presumix el catalanisme: 36 firmes de 687.

Front a tant d'allumenat, tant de catalibà i tant d'intelectual de subvenció i pandereta, opte per quedar-me en les teories del professor Chen Duxiu, renovador de la lliteratura chinenca, el qual propugnava la lliberació de les pautes retòriques tradicionals de la llengua, oblidar eixa llengua ortopèdica d'una minoria coent i pedant i crear una que siga popular, senzilla, expressiva, plena ella de frescor, vida i sinceritat, i aixina preservar la monòtona llengua clàssica per a l'estudi dels filòlecs i dels intelectuals de saló. I és que l'estàndart escrit deu fonamentar-se en l'estàndart oral i mai al revés. Hui els *científics* pancatalanistes cremarien al físic i astrònom Galileu Galilei per negar-se este a acceptar que la Terra és plana.

Germans bessons ¿una persona o dos?

A sovint s'afirma que que el valencià és al català lo que l'andalús a l'espanyol: un dialecte. Pero hi ha prou diferències: 1) La societat andalusa considera que l'andalús i l'espanyol són lo mateix. El nostre poble considera valencià i català idiomes distints[9]. 2) Andalusia no tingué mai un Sigle d'Or. Valéncia tingué el primer de totes les llengües neollatines. 3) Els escritors andalusos sempre han afirmat escriure en castellà pero cap autor del Sigle d'Or afirmà mai escriure en català. 4) En Andalusia no hi ha texts seculars d'autors andalusos que diferencien entre andalús i castellà. Pero en Valéncia sí existixen[10]. 5) En Andalusia sempre s'ha usat la denominació "espanyol o castellà" per a referir-se a la seua llengua. En Valéncia tota la vida s'ha afirmat parlar en valencià. 6) Andalusia no existia abans que Espanya. Per contra, Valéncia existia sigles abans del naiximent de Catalunya. 7) No hi ha autors espanyols (significatius) que reconeguen l'andalús com idioma distint del castellà. Pero sí

---

[9] Aixina ho pensa el 70% de la població valenciana, segons l'estudi del Centre d'Investigacions Sociològiques (CIS) de 2004.

[10] De fet, Fra Antoni Canals, en 1395 afirmà: "(...) el tret de lati en nostra vulgada lengua materna valenciana, exi breu com he pogut, jatse sia que altres lagen tret en lengua catalana".

hi ha de catalans que admeten que valencià i català no són la mateixa cosa[11].

Els professors Toni Fontelles i Chimo Lanuza demostraren que una parla depén de la voluntat dels seus usuaris per a que siga llengua o dialecte i que el criteri d'inteligibilitat o de semblança en absolut comporta l'unitat de les llengües. El nostre cas no és comparable al d'andalús i castellà, com mos volen fer creure. Sense eixir de la Península Ibèrica, trobem un cas que sí que és equiparable al de valencià-català que és el del gallec i portugués, dos llengües oficialment independents i distintes a pesar de ser inteligibles entre sí. Pero no deixem encara el cas del gallec. Un valencià pot comunicar-se en un gallec sense necessitat de recórrer a la llengua comuna que és l'espanyol. És dir, que un valencià pot parlar en valencià i el gallec respondre-li en gallec i s'entenen si no perfectament, sí suficientment. L'inteligibilitat és encara molt major si s'interactua per escrit. I un valencià, pel fet de ser hispanoparlant, també pot entendre's en un italià. Segons la llògica del catalanisme, podríem arribar a pensar que valencià, gallec, portugués, castellà i italià són dialectes... del català.

Que dos llengües es pareguen no significa que siguen una sola. Només significa que formen part d'un tronc comú. Prova d'això és el chec i l'eslovac o el rus i l'ucranià o el macedoni i el búlgar o el cors i l'italià, etc. Totes elles són llengües molt semblants –i inclús inteligibles– pero oficialment independents i distintes entre sí. No existixen criteris definitius per a determinar si una parla és llengua o dialecte, a pesar dels dogmes de fe dels pancatalanistes. De fet, hui l'euskera és un idioma unitari a pesar de que entre els

---

[11]   Pompeu Fabra, Antoni Badia Margarit, Antoni Rubió i Lluch, Manuel Montoliu, Francesc Carreras i Candi, Francesc Pi i Margall...

seus sèt dialectes hi ha més diferències que entre l'espanyol i l'italià que, sent com són més similars, es consideren idiomes distints. La llengua armènia estigué considerada un dialecte persa durant molt de temps. Igual que el venecià respecte de l'italià. El català es considerava un dialecte del llemosí. I l'aranés un dialecte del català. Hui són totes independents. El serbo-croat es dividí en serbi i en croat, montenegrí i bosni. ¡Quanta raó tenia el llingüiste Max Weinreich quan va sentenciar: "Una llengua és un dialecte en un eixèrcit i una flota"!

Hi ha moltes llengües que són molt paregudes –perque tenen un tronc comú– i els seus usuaris s'entenen entre sí. Pero són independents. Ahí tenim el diasistema escandinau (compost pels idiomes islandés, noruec, suec, danés i feroés), el britònic (idiomes bretó, còrnic i galés) o el gaèlic (escocés, lalland, manés, irlandés). L'alsacià, el bàvar o el suís-alemà són dialectes de l'alemà, a pesar de que diferixen lo suficient com per considerar-se idiomes. Pero el luxemburgués, abans dialecte de l'alemà, és hui llengua independent. L'holandés es pareix molt al flamenc i a l'afrikaans. I l'anglés al frisó. ¿És que són tots la mateixa llengua? ¿O més be conformen una família de llengües? És el cas per eixemple del bable, càntabre, lleonés, castuo i la fala galaico-extremenya. Per tant, és normal també que occità, llemosí, provençal, auvernés, gascó, aranés, català, aragonés, valencià o balear es pareguen no per ser una sola sino per ser de la mateixa família. En unes atres paraules... si vosté tinguera un germà bessó ¿serien el seu germà i vosté una sola persona o serien dos?

La consciència de ser valencians

L'eixemple d'Islàndia.

Islàndia, tradicionalment disputada per potències com Estats Units d'Amèrica, Gran Bretanya, Noruega i Dinamarca, ha sabut mantindre la seua independència, tant política com llingüística. Abans, l'islandés era un dialecte del noruec pero el poble islandés optà per transformar-lo en tot un idioma independent dins d'un diasistema llingüístic –l'escandinau– que l'equipara al noruec, suec, danés i feroés. Els cinc junts constituïxen una mateixa família de llengües. Hui, en tan sols 300.000 usuaris, este idioma conta en un Nobel de Lliteratura i Islàndia és l'Estat del món a on es publiquen més llibres per habitant. Esta bella llengua conta en un curiós sistema puriste que prohibix els estrangerismes i que fabrica nous vocables basats en casticismes per tal de no contaminar la llengua en modismes foràneus. Hui és un idioma prestigiós i cult, gràcies a que els seus usuaris es resistiren a vore'l reduït a la condició de mer dialecte, a que no vullgueren *ofrenar noves glòries a Noruega* sino que escolliren defendre la cultura pròpia en lloc d'enaltir l'aliena per a major glòria del veí.

L'eixemple de les Illes Feroe.

Les Illes Feroe, una chicoteta nació sense Estat baix domini danés que aspira a l'independència, és el millor dels casos per a rebatre la tesis catalanista de que un idioma valencià independent no podria sobreviure des del punt de vista de mercat i que per tant ha de pertànyer a un mercat superior –el català– per a ser econòmicament rendable i editorialment viable. Segons l'escritor Rafel L. Ninyoles, Feroe és una comunitat de 40.000 persones en escoles pròpies, periòdics, cases editores i societats científiques. En 1964 es publicaven trentatrés edicions periòdiques en feroés, entre les quals hi havia un diari, una revista escolar, dos femenines i infantils, dos dedicades a deports i a missions, i varis llibres i anuaris. Es desmonta la tesis de que per baix d'uns mínims numèrics una comunitat llingüística no pot sobreviure com a tal. El nostre mercat –de dos millons de valenciaparlants i ampliable a cinc millons d'habitants del Regne– és suficient i ademés es complementaria en uns atres mercats puix els llibres en aragonés, català, valencià, balear o llemosí s'entenen prou be.

L'eixemple d'Andorra.

¿En quin de tots els territoris reclamats per l'imperialisme català com a propis, és a on l'amenaça d'anexió és menor? Andorra. El que és el més menut i dèbil de tots, el que en principi deuria ser la víctima més fàcil és el menys desijat, el que més voltes cau del mapa dels països catalans. Els pancatalanistes estan obsessionats en Valéncia i Balears, en un segon pla queda Perpinyà, Fraga, Carche i l'Alger, i en un tercer nivell, Andorra, el més dèbil de tots que a l'hora és el que menys sol reivindicar el nacionalisme expansioniste català. Ahí radica l'importància de tindre un Estat propi –per minúscul que siga– com a fort blindage front a l'imperialisme català. Si Catalunya no s'atrevix a pressionar a Andorra –que és un Estat minúscul– ¿quanta menys pressió eixerciria sobre Valéncia si fora un Estat independent que tractara a Catalunya de tu a tu? Si Valéncia fora un Estat lliure i sobirà els catalans no mos invadirien ni reclamarien la nostra terra, sino que mos tindrien el respecte que ara mos neguen, ya no mos podrien usar com a un porrito i al final mos deixarien en pau.

La consciència de ser valencians

L'eixemple de la Vall d'Aran.

Caminem cap a una llengua valenciana independent, per més que els catalanistes s'escuden en una suposta *ciència*. La *ciència* dia abans que el valencià (i el gallec i el vasc i el català) eren dialectes del castellà. La *ciència* dia abans que el català era dialecte del llemosí. La *ciència* dia abans que l'aranés era dialecte del català. Etcétera. En 1990, despuix de que durant molts anys l'unitat de l'aranés i el català fora *un fet inqüestionable que sostenien totes les Universitats del món i que ningú en dos dits de front s'atreviria a discutir*, la Generalitat de Catalunya no tingué més remei que admetre que lo que *científicament* estava considerat dialecte era realment un idioma independent i diferenciat del català. Des de 1990 la Generalitat Catalana reconeix l'oficialitat d'esta llengua en la Vall d'Aran. Si els valencians eixercim una forta pressió social farem que l'idioma valencià —hui reconvertit a dialecte per motius polítics— torne a ser independent. La Vall d'Aran, un país microscòpic pero valerós i admirable pel corage de les seues gents és un eixemple en defensa de lo propi.

La tercera Castella o Cap a la Castella Valenciana.

El conflicte llingüístic sols està servint per a espanyolisar més encara Valéncia. El poble valencià mai acceptarà com a propi el català i, com a efecte bumeranc, el poble valencià es castellanisarà més i més. La gent pensa: "Que si valencià, que si català... ¡parle en espanyol i punt!". Esta mania de voler vincular tot lo valencià a lo català influix també en lo polític. Cert estudi afirmava que els tres pobles en major sentiment d'espanyolitat de tot l'Estat són per orde: Balears, Valéncia i Navarra. Quina casualitat que siguen els tres pobles que se senten amenaçats d'anexió per comunitats veïnes. Es diu efecte bumeranc. L'única forma de revalencianisar la nostra pàtria és apostar per un idioma valencià independent que realment s'acoste a lo que parla la gent del carrer. D'insistir en la creuada pancatalanista, és possible que en el futur tingam tres Castelles: Castella i Lleó, Castella-La Mancha i la Castella Valenciana. Pero per als catalanistes valencians això importa poc perque mentres es parle català en Catalunya, permaneixerà viva la seua (¿?) cultura. Aixina ho veuen ells.

El procés de castellanisació/espanyolisació és francament alarmant. El valencià ya casi no se sent parlar en les grans capitals i el Cap i Casal podria ser rebatejat com Nueva Albacete. L'únic camí per a valencianisar la nostra societat és apostar per un idioma independent. Hem de fer que els catalanistes cessen en el seu imperialisme i els hispanoparlants inicien una convergència cap a unes postures més bilingües. Al cap i a la fi, la major part de la societat valenciana és de parla castellana, per lo que el destí polític que puga córrer el valencià en bona mida està en les seues mans. En qualsevol cas, mai s'impondrà –o almenys això espere– el català en la societat valenciana ya que és un acte que va contra natura. Seria com pretendre que la societat valenciana parlara entre ella en anglés. En un moment donat se pot saber anglés i utilisar-ho com una ferramenta de treball pero un valencià no parlaria en anglés als seus sers volguts. I és que apostar per una llengua valenciana genuïna i independent del català és apostar per valencianisar la pàtria que tan gloriosa fon un dia.

Josué Ferrer

LA GUERRA CATALANO-VALENCIANA

"¿Cóm no va a ser el valencià un idioma
si fon la llengua d'un Regne?"
Lluís Fullana (llingüiste, erudit i religiós).

La Guerra Catalano-Valenciana (1892-?)

A finals de sigle XIX naix un nacionalisme expansioniste català en una clara vocació imperialista. Catalunya té un fort sentiment identitari i pretén aprofitar-se de la debilitat del seus veïns per a absorbir-los fins a fer-los desaparéixer. Primer l'anexió llingüística, en acabant la cultural i per últim la política. Esta batalla entre el colonialisme i la llibertat es lliura fonamentalment en terres valencianes. Hi ha dos bandos; u, el valencianiste, que defén la Real Senyera, el Regne de Valéncia i la llengua valenciana. L'atre és el catalaniste que defén la màrfega, els països catalans i la llengua catalana. Igual que durant la Guerra Civil Espanyola (1936-1939) les tropes franquistes reberen ajuda de l'exterior, és dir, dels dictadors Benito Mussolini i Adolf Hitler, també els traïdors i renegats valencians conten en el soport de Catalunya. Aliena ad este genocidi cultural es troba la gran majoria del poble valencià que be per ignorància o be per meninfotisme no pren part activa en cap dels dos bandos, a pesar del massiu rebuig social que desperta el catalanisme en la nostra terra.

És este un conflicte que orbita en torn a l'identitat valenciana. Per a alguns valencians el referent nacional dels valencians és Valéncia, per a uns atres Catalunya, per als que menys Europa i per a la gran majoria, Espanya. De lo que és una nació, hi ha dos conceptes ben diferenciats: el concepte francés de nació (que considera nació a aquell colectiu social que es troba tot ell baix una mateixa llegislació), i el concepte alemà de nació (que fa referència a aquell poble que té una mateixa història, llengua, cultura, identitat). ¿Qué és lo que li otorga cohesió a una nació? Pot ser la religió (és el cas d'Israel o Irlanda), els anhels de llibertat (Estats Units), l'aïllament geogràfic (Suïssa), el sentiment (Escòcia), la llengua (Catalunya, Euskadi, Balears) o una barreja de varis factors. En el cas de Valéncia pot ser la llengua pròpia i també una història com a regne independent en el passat. Pero a diferència de per eixemple Veneçuela, la consciència nacional de la qual la va dur a independisar-se primer d'Espanya i en acabant de Colòmbia, la consciència nacional valenciana no està clara.

Tot començà a finals del sigle XIX, durant la Renaixença. Per posar una data concreta podríem senyalar la de 1892, quan l'Unió Catalanista (UC) aprovà les Bases de Manresa, que suponien el cos doctrinal que lo que seria el nacionalisme expansioniste català que com una pesta s'havia d'expandir en el sigle XX. Era una época de nacionalismes en tota Europa, en el naiximent d'Estats com Alemanya, Itàlia, Sèrbia, Romania, Bulgària... Açò coincidí en el temps en l'aniquilació de l'Imperi d'Espanya, en la Guerra de Cuba (1898), en la que Espanya pergué les seues últimes colònies i l'aura de superpotència mundial. Els catalans es donen conte de la debilitat de l'Estat i reclamen l'independència. Toca contemplar en nostàlgia les glòries passades i reinventar l'història: el Regne d'Aragó passava a ser la Confederació Catalano-Aragonesa, el Comtat de Barcelona era ara el Principat de Catalunya i el català passava de ser un dialecte del llemosí a ser una llengua independent parlada no sols en

Catalunya, sino també en Valéncia i Balears, entre uns atres llocs.

En 1906 el Congrés de la Llengua Catalana dictaminà el naiximent del català com a llengua independent i la secessió respecte del llemosí. En eixe mateix any l'ideòlec del pancatalanisme, Enric Prat de la Riba, publica *La nacionalitat catalana* a on diu que el nacionalisme havia de fonamentar-se en l'imperialisme. "Dominar per la força de la cultura servida i sostinguda per la força material, és l'imperialisme modern, l'imperialisme integral, el de les grans races fortes d'ara" –afirma Prat de la Riba–. En 1907 el mateix autor escriu un artícul titulat *Greater Catalonia* a on afirma que Valéncia, Balears i el Roselló són terres catalanes. En 1917 un atre ideòlec, Antoni Rovira i Virgili, ya havia apuntat en *El nacionalisme català* a l'anexió llingüística com a prèvia a la territorial. A partir d'ahí el nacionalisme expansioniste català destinarà tots els seus recursos i esforços a fomentar l'idea de que aragonés, valencià o balear –fins aquell moment idiomes no qüestionats– passen a considerar-se dialectes del català baix la premissa de que si parlem català, som catalans.

Aixina és que Pompeu Fabra, un ingenier químic resident en Euskadi clavat a filòlec en el temps d'oci, fon l'escollit per a encapçalar l'Institut d'Estudis Catalans (IEC) i codificar l'ortografia del català. Fabra es dedicà a prendre el dialecte barceloní com a sinònim de tot el català i a introduir una llau d'arcaismes i galicismes. A tot açò en el Regne de Valéncia, la Renaixença no havia quallat com un procés de reconstrucció nacional sino que tan sols es llimitava a rememorar les glòries passades a través de jocs florals i concursos de poesia que organisava la centenària institució Lo Rat Penat, fundada pel poeta Constantí Llombart, i que enfrontava a poetes de guant i d'espardenya. I és que a diferència de Catalunya, la Renaixença no tingué en el Regne Valéncia l'ajuda de la burguesia ni dels polítics per lo que es llimità al folclor per a unes èlits ocioses i adinerades. Mentres que Catalunya mamprenia el vol, el Regne de Valéncia no acabava de trencar del tot en la seua decadència del passat. Catalunya passa a contemplar-se entre l'admiració, l'enveja i l'odi.

Precisament per açò, els valencians mos vàrem dividir més. Uns apostaven per un regionalisme dins d'Espanya, els que menys per un nacionalisme valencià, la majoria per un idioma valencià independent, uns atres per una unitat llingüística que primer es dia llemosina i més tart passà a nomenar-se catalana. Pocs foren els patriotes que com Faustí Barberà o Gaetà Huguet reclamaven un valencianisme sense rendir sumissions a ningú. Com que els catalans ya disponien d'una ortografia per a la seua llengua i el valencià encara es movia entre l'anarquia i el caos, en 1932 l'insigne llingüiste valencià Lluís Fullana firmà "en caràcter provisional" les Bases de Castelló o Bases del 32. Este acort aplicava l'ortografia fabriana al valencià. Es tractava d'un remei temporal, fins que el nostre idioma es dotara d'una normativa d'acort a la seua idiosincràsia, pero els manipuladors de l'història han volgut fer vore que en est acort lo que es firmava és que el valencià era un dialecte del català, quan el religiós Lluís Fullana sempre defengué un valencià distint del català.

En els anys 30, el Regne de Valéncia estigué a punt de dotar-se d'autonomia, pero l'alçament nacional del general Francisco Franco precipità una Guerra Civil en Espanya que acabà en les aspiracions valencianistes. Les tropes fascistes esclafaren als republicans valencians que combateren per defendre la llibertat i la democràcia. Durant quaranta anys de dictadura, repressió i espanyolisme de l'assessí de millons Franco, s'accentuà més la castellanisació de Valéncia. Lo Rat Penat ensenyava l'idioma en la clandestinitat, els autors Miquel Adlert i Xavier Casp i la seua Editorial Torre publicaven en valencià. Pero els pancatalanistes es feren amics del franquisme i contaren en la benedicció del règim. L'escritor Joan Fuster publicà en 1962 *Mosatros els valencians*, a on es llança la delirant idea de que els valencians parlem català, que som catalans i que sempre hem format part del mateix poble, que és el de la Gran Catalunya o països catalans. Un deliri potser fruit d'alguna de tantes borracheres d'un Fuster alcohòlic al qui li agradava i molt empinar el colze.

Fuster no tenia fe en el seu poble. Ell pensava que en Valéncia mai hi hauria un nacionalisme fort com el de Catalunya, aixina que lo millor era sumar-se directament al nacionalisme català. No és l'únic cas d'algú que renega de la seua pàtria. El dictador Adolf Hitler fon qui perpetrà l'anexió del seu propi país, Àustria, a mans d'Alemanya. I no pocs francesos colaboraren en els nazis durant l'ocupació de França. I no pocs espanyols afrancesats recolzaren a un dictador com Napoleó Bonaparte. La qüestió és que el catalanisme comença a organisar-se i comprar voluntats en Valéncia, Balears i Aragó. I són molts els intelectuals que com Manuel Sanchis Guarner, Vicent Andrés Estellés o Enric Valor se venen a una Catalunya que els compra en diners, la publicació de llibres i en tot tipo de premis, condecoracions i honors. A les postrimeries del franquisme, les revistes i llibres catalanistes circulen per Valéncia més que els seus equivalents valencianistes. A pesar d'haver colaborat en el règim, el catalanisme se vist d'antifranquiste i enlluerna a seudoprogressistes de tot l'Estat.

A la fi mor el tirà i genocida dictador Francisco Franco i l'espantosa dictadura fascista arriba al seu final (1975). A partir d'ahí s'inicia un episodi que fon nomenat la Batalla de Valéncia. Els ciutadans reclamaven un autogovern i en la mort del cruel autócrata, era el moment de recuperar llibertats i d'oficialisar els símbols. Els valencianistes defenien l'històrica denominació Regne de Valéncia, la llengua valenciana i la Real Senyera en la seua corresponent franja blava. Els catalanistes lo que volien era el país valencià, l'idioma català i la màrfega. A punt estigué el Consell Pre-autonòmic de privar-mos dels nostres símbols pero les contínues manifestacions valencianistes en el carrer i el rebuig als símbols catalans feu que s'adoptara un nom conciliador per al país (Comunitat Autònoma Valenciana), el nom de valencià per a nomenar la llengua (encara que esta en la pràctica passaria a ser l'idioma català), i la Real Senyera com a la bandera de tots. El 9 d'Octubre de 1977 més d'un milló de valencians es manifestà a favor d'un Estatut d'autogovern per al nostre país.

Els catalanistes esperaven que la societat valenciana els tractara com a héroes i salvapàtries pero foren acusats de renegats i de traïdors; aixina és que com pergueren clamorosament la batalla del carrer s'atrincheraren en la seua pròpia secta, en el seu *búnker barretina* particular, com sempre parlant en el nom del poble, pero sense escoltar-lo. A partir d'aquell instant començaren a infiltrar-se en l'Universitat, que pronte controlarien ab professors reaccionaris i *fascistes* de puny en alt. Els antivalencians feren una campanya d'image molt bona; el catalanisme es dotà d'una apòcrifa aureola de progrés i cientifisme i els qui no combregaren en les seues tesis passaven a ser automàticament ultradretans i analfabets. Ni cal dir que el minoritari moviment catalaniste que hi ha en Valéncia no haguera sobrevixcut de no ser unflat artificialment pel finançament de les institucions catalanes. L'editor Eliseu Climent fa camí en lo cultural mentres en lo polític Unitat del Poble Valencià (UPV) s'estampava electoralment cada quatre anys contra una realitat cabuda.

Ab els èxits aparents de l'Estatut, els valencianistes es desunflen en la batalla del carrer. En 1977 Miquel Adlert publica *En defensa de la Llengua Valenciana*, una apologia de l'independència del nostre idioma que marcaria els passos a seguir per a codificar l'ortografia valenciana. Pero el valencianisme no conta –com és el cas del pancatalanisme– en uns mijos financers poderosos ni en l'ajuda de la burguesia. Per lo que a sovint es consagra una aliança del valencianisme i la dreta espanyola contra l'enemic comú del socialisme i del catalanisme. En eixos moments el valencianisme és més un anticatalanisme visceral i primari que una atra cosa, encara que hi ha dos grups distints: el regionaliste majoritari d'Unió Valenciana (UV) i el nacionaliste de l'Esquerra Nacionalista Valenciana-Unió Regionalista Valenciana (ENV-URV). En 1981 el militar Antonio Tejero traïcionà a la seua pròpia pàtria i perpetrà un colp d'Estat. En 1982 s'impon un Estatut de mínims sense consulta popular prèvia i en 1983 es convoquen les primeres eleccions autonòmiques en el Regne.

Ab l'Unió del Centre Democràtic (UCD) del president preautonòmic Enric Monsonís (1979-1982) teníem idioma valencià en l'administració i les escoles i possibilitats de que hi haguera una revalencianisació del Regne. Pero tot s'afonà en la majoria absoluta dels socialistes en 1983. La pèssima gestió econòmica de la UCD al front del Govern i la por a tornar a la dictadura (fea només dos anys del fallit colp d'Estat) feu que el poble valencià votara massivament pels socialistes com a únic camí per a salvar la democràcia. Els socialistes associaren esquerra en catalanisme, i llevaren el valencià per a posar el català, això sí, baix el nom de *valencià* per a enganyar al poble. El Partit Socialiste del País Valencià (PSPV) introduí lo que s'ha vingut a conéixer com *subnormalització* llingüística (és dir, parlar i escriure en català i en acabant dir que és valencià), la llínea d'educació en català i el *Canal Noi*. El Govern del president Joan Lerma (1983-1995) significà una llarga i angoixosa decadència. Sevilla desbancà a Valéncia capital com a tercera ciutat de l'Estat.

Durant este temps el valencianisme creixqué; el Grup d'Acció Valencianista (GAV) −en lo social−, el president nacional de UV Vicent González Lizondo −en lo polític−, el poeta Xavier Casp −en lo cultural− i la periodista Maria Consol Reyna −en lo comunicatiu− es convertiren en la punta de llança del valencianisme. Fonamental fon el diari *Las Provincias*, enemic del socialisme i el catalanisme; ajudava puntualment a UV encara que mai arribà a ser valencianiste de veres. No obstant, el valencianisme desaprofità les oportunitats que se li presentaren, s'entregà als braços de la dreta espanyola i finalment es punchà com un globo. Lizondo pogué ser l'alcalde del Cap i Casal en 1991 pero no s'atreví i preferí regalar-li l'alcaldia a Rita Barberà, del *Partido Popular* (PP). En 1995 tingué l'oportunitat de ser president de la Generalitat, o d'obtindre la Conselleria d'Educació i Cultura per a erradicar el catalanisme i ficar de nou el valencià en l'escola. En lloc d'això, preferí regalar-li la Generalitat a Eduardo Zaplana (PP) a canvi de ser Lizondo president de les Corts.

Des de l'any 1995 fins al moment en que escric estes llínies governa el PP, que ya ha tingut tres presidents: Zaplana (1995-2002), José Luis Olivas (2002-2003) i Paco Camps (2003-?). Unió Valenciana perguè la representació en les Corts en 1999 i des de llavors s'ha anat debilitant paulatinament pel seu seguidisme al PP fins a convertir-se en una força residual. El PP ha fagocitat a bona part del valencianisme, i presumix de ser més valencià que ningú a pesar d'haver fet oficial el català en Valéncia ab l'Acadèmia Valenciana de la Llengua (AVLL). El 13 de Juny de 1997 el Grup d'Acció Valencianiste (GAV), en Joan García Sentandreu al davant, va traure al carrer a més de cinccents mil valencians per a protestar contra una sentencia del Tribunal Constitucional que assegurava que al valencià se li podia dir català. A pesar de l'enorme potencial que comporta una massa social tan gran, els polítics valencianistes no han sabut estar a l'altura, sempre disposts ells a vendre's per quatre quinzets al PP, que emmaixquerat de valencianiste s'ha fet en els vots.

En 2003 la Real Acadèmia de Cultura Valenciana (RACV) introduí una nova accentuació en les Normes d'El Puig. Tal decisió supongué una forta controvèrsia perque part del valencianisme entengué que l'accentuació acostava el valencià al català. En 2003 Sentandreu creà un nou partit polític, Coalició Valenciana (CV), com a alternativa a una UV, de la que seguien desertant càrrecs per a engrossar les files del PP. La AVL, en el seu dictamen de 9 de febrer de 2005, proclamà que el valencià i el català són la mateixa llengua. El PP va introduir la catalanista AVL en la reforma de l'Estatut de 2006, pero gràcies al férreu control de la prensa i a l'ignorància del poble, es fa passar per valencià. Al valencianisme, més dèbil que mai, li espera una llarga travessia en el desert. És esta l'historia d'un poble que vol ser i no el deixen. És l'història d'uns polítics venuts i acomplexats. És l'història d'una llengua que se mor. La pírrica guerra valencià-català pot acabar en la victòria d'un inesperat contrincant... l'idioma espanyol. Pero encara no hem perdut. En el futur tot pot passar.

Repensar el valencianisme polític.

Hui tot funciona a pressa. Potser massa a pressa. En molts pocs anys, el món ha canviat una barbaritat. Fixem-mos en la dècada dels noranta per eixemple. En 1990 en Valéncia a penes hi havia immigració, els maltractaments eren "coses de casa", hi havia una Guerra Freda que dividia al món en dos blocs i la gent usava els ordenadors Amstrad i Espectrum, que eren l'últim crit en informàtica. Només passats dèu anys, en 2000, Valéncia es trobava desbordada per immigrants, la violència domèstica es veïa com un crim abominable, Estats Units i Rússia —enemics atàvics— eren socis comercials i aliats contra el terrorisme internacional i el poble fruïa de moderns computadors, internet i telefonia mòvil. En molt poc de temps hem passat de considerar l'homosexualitat com una malaltia siquiàtrica a acusar d'homofòbia a tot aquell que pense que l'unió entre dos persones del mateix sexe no és un matrimoni; hem passat d'una ensenyança de qualitat a un sistema educatiu a on els alumnes insulten als professors; hem passat de llegir la prensa de paper cada dia a la prensa digital.

També la política ha canviat. S'ha passat d'unes diferències ideològiques insalvables i abismals entre l'esquerra i la dreta a que només hi hagen chicotetes diferències de matís entre els seus programes electorals. ¿Quí podia pensar fa només vint anys que els socialistes introduirien el treball fem en Espanya o que regalarien a la banca diners a mans plenes? ¿Quí podria pensar que els populars defendrien l'abort i introduirien les parelles de fet homosexuals en el Regne? També la Guerra Catalano-Valenciana està en una nova fase. Ya no estem en els anys 70 en que als catalanistes se'ls identificava per la màrfega quatribarrada; ara s'emboliquen en la Senyera. Tots els partits que defenen el català (PSOE, PP, EU, Bloc, Verts, ERC...) presumixen de ser més *valencianistes* que ningú. Inclús, va desterrant-se molt poc a poc el vell somi imperialiste d'una anexió territorial dels països catalans per a passar a un colonialisme modern, molt més subtil consistent en fer creure a la gent que és lliure quan som un simple país satèlit prest a obedir les órdens dels nostres amos.

Tot és més difícil ara. Tot és més dissimulat, més discret. Ara l'enemic porta la nostra bandera. Costa més d'identificar-lo. Els mijos de comunicació acallen als dissidents ab un gran mant de silenci. Ya no es parla del conflicte llingüístic: és tabú. La rendició del Regne se pretén disfrassar de pau llingüística, de consens social. Tot ha evolucionat; excepte el valencianisme. El valencianisme està ancorat en el túnel del temps, pareix viure sumit en els episodis de la Batalla de Valéncia. Encara hi ha una presència abusiva del valencianisme folclòric i l'anticatalanisme primari dels anys huitanta. Hui el vell discurs del valencianisme importa a cada volta menys gent i els partits polítics valencianistes se desplomen. En 1995, quan el PSPV de Joan Lerma se n'anà a l'oposició, i entrà a governar el PP de Zaplana i la UV de Lizondo, ningú s'haguera imaginat que en 2009 UV tindria 20.000 vots, el Bloc estaria en les Corts, hi hauria una acadèmia catalanista dins de l'Estatut i que el partit responsable de dita traïció arrasaria en les eleccions. La dinàmica ha canviat molt.

Crec que l'erro fonamental és que el valencianisme polític és bàsicament monotemàtic (idioma, AVL, països catalans...). De forma contínua insistix en un discurs que molt al meu pesar interessa cada volta a menys gent. El CIS de 2004 diu que el 64,4% de la societat valenciana considera que el valencià és una llengua distinta del català, pero també diu en un apartat que "la resolució del problema llingüístic no és un tema prioritari per al conjunt dels valencians". ¿Quin sentit té que un partit valencianiste faça un discurs pràcticament monotemàtic sobre un tema que per desgràcia importa a ben poca gent? Hi ha un gran meninfotisme; a la gent li dona tot igual. El poble valencià té consciència de poble espanyol, per lo que tot lo que tinga que vore en l'identitat valenciana ho contempla com una cosa secundària (lo important és Espanya). Ademés, el catalanisme hui està molt ben disfrassat i no és percebut com l'amenaça visible que era en els anys 70 i 80. Potser és el moment de replantejar les estratègies polítiques i arborar unes atres propostes que capten més vots.

No dic que s'haja d'abandonar el discurs de l'identitat (Regne, Senyera, llengua). No, per supost que no. Pero si veem que això ya no dona vots perque vivim en una nova conjuntura social, s'ha de passar del monotemàtic discurs identitari a compartir eixa denúncia en uns atres discursos que interessen més als votants. No es tracta de renunciar als nostres ideals sino de captar vots en unes atres propostes que interessen més a la gent per a que quan tingam poder, mos pugam bolcar en destruir el catalanisme i revalencianisar el Regne. En tota Europa han creixcut partits conservadors ab un discurs molt crític ab l'immigració illegal i la delinqüència estrangera. Potser eixe siga el camí. O potser siga un partit transversal, de dretes en lo econòmic i d'esquerres en lo social que puga atraure tant a burguesos com a proletaris. O tal volta iniciar un gir cap al nacionalisme, encara que siga moderat (tantes voltes hem sentit que Valéncia necessita un Jordi Pujol... ¿per qué no donar-li u?). O potser oferir alguna cosa que ningú més oferixca, com la democràcia directa.

No és la meua intenció indicar en este llibre el camí concret del valencianisme polític. No crec que estes llínies siguen el lloc adequat ni que tampoc dega ser la proposta d'un sol individu sino un consens social lo més ample possible. Pero sí que vullc evidenciar la necessitat de modernisar i actualisar un discurs polític que ha quedat desfasat. Busquem els temes d'interés de la gent i explotem-los. Si, per posar un eixemple absurt, lo que més vots mos poguera donar fora parlar d'orsos de peluig, puix en eixe cas parlem més d'orsos de peluig i menys de països catalans. Encara que una volta que estiguérem en el poder, mos oblidàrem quasi per complet dels peluchos i mos centràrem en destruir el català i posar la llengua valenciana en les escoles. Ara be, ¿quin pot ser eixe tema estrela que mos proporcione els anhelats vots? Això ya seria qüestió de parlar, debatre i estudiar-ho detingudament. Yo ya he propost algunes idees. També poden valdre unes atres. Siga com siga, tota proposta fluctuarà en el temps ya que en només quinze anys una societat canvia molt.

El patriotisme valencià.

El valencianisme deu fonamentar-se en el patriotisme. El patriotisme és amar la teua pàtria per damunt inclús de la teua vida, defendre les teus senyes d'identitat, enorgullir-te de lo que eres. És un sentiment molt noble en el que el patriota ama tant a la seua terra que antepon l'interés de la pàtria al seu propi. Pero parlem d'amar a la nostra terra sense per això haver de despreciar a ningú. Hi ha qui pensa que la seua nació és la millor i que això li dona dret a esclafar i sometre a tots els seus veïns. Aixina fan els catalans, per eixemple. És este un sentiment mesquí que rebuge plenament. Yo parle d'amor a la pàtria, de defendre els nostres interessos com a lleons, de sentir-mos orgullosos d'haver naixcut en esta terra. Pero parle també de respecte mutu, de poder conviure en pau en els demés pobles... llevat de que ells mos agredixquen primer.

El patriotisme valencià ha d'estar per damunt inclús de la llengua. Les Normes d'El Puig les coneix molt poca gent. Menys de la mitat de la població valenciana (és dir, dos millons sobre cinc possibles) parla el valencià. Hem de fer servir tant l'idioma espanyol com el valencià per tal d'expandir la valenciania en la nostra societat. El valencianisme ha de semblar-se un poc al nacionalisme escocés o al vasc a on per damunt dels idiomes propis (gaèlic, lallans, manés, vasc) prima el sentiment de pertinença a una comunitat (l'escocesa i la vasca). Aixina, apelant al sentiment, a la terra, podríem captar a més gent hispanoparlant que siga de sentiment valencià. Perque per damunt de la llengua, està la nació. I mosatros som una nació inclús si en el futur desaparegueren el valencià i el castellà i en Valéncia tots parlàrem anglés.

Pero a mi lo que de veritat m'interessa d'una pàtria no és la pàtria en sí mateixa, sino les persones que habiten dins d'ella. L'Estat, el territori, la tradició, la bandera, els símbols... Tot això és molt important, pero no valdrà per a res si mos oblidem de lo més important de tot: la gent. Diu la *Bíblia* que les nacions són a ulls de Deu com una gota d'aigua que cau d'un poal, com un menut pols en una balança, com res i com menys que res (Isaïes 40:15-17). Perque lo important per a Deu són les persones... Fins al punt que envià al seu fill Jesucrist a sacrificar-se per a salvar-mos del pecat i donar-mos vida eterna. Lo important d'una nació són els seus ciutadans. Per això, el patriotisme deu anar dirigit a la defensa del poble. A defendre'l políticament, econòmicament, socialment, culturalment... Eixa és l'autèntica grandea de lluitar per la pàtria.

Hi ha qui pensa, com el sicòlec Jesualt Masià, que el valencianisme només pot aspirar a ser una minoria influent –com la comunitat judaica en Estats Units–. Si això es conseguira ya seria un èxit notable. No obstant, yo sostinc la tesis de que el valencianisme polític pot créixer fins al punt de guanyar unes eleccions per majoria absoluta (una atra cosa és que ho conseguixca o no). El vasquisme, el catalanisme, el navarrisme i el canarisme[12] són les forces hegemòniques en les seues respectives autonomies. ¿Per qué un partit valencianiste no podria atényer les mateixes quotes de poder? La societat està experimentant canvis molt profunts. Hi ha molta gent farta d'esta farsa de democràcia en la que vivim i cada dia més estan sorgint nous partits polítics populistes (de dreta en Europa[13] i d'esquerra en Amèrica Llatina[14]) que amenacen al tradicional bipartidisme. ¿Per qué no pot passar ací?

---

[12]   Concretament el Partit Nacionaliste Vasc (PNV), Convergència i Unió (CIU), Esquerra Republicana de Catalunya (ERC), Unió del Poble Navarrés (UPN) i Coalició Canària (CC). Tots cinc partits fruïxen d'elevades quotes de poder.

[13]   Front Nacional (França), Unió Cristiana (Holanda), Interés Flamenc (Flandes), Lliga Nort (Padània), Partit Lliberal (Àustria), etc.

La consciència de ser valencians

Els catalanistes pensen que una mentira repetida moltes voltes acaba convertint-se en una veritat. No podem permetre que continuen inundant els llibres de falsetats històriques com Confederació Catalano-Aragonesa, país valencià, països catalans, Principat de Catalunya, etc. ¿Qué passarà quan en el futur, en el sigle XXV per eixemple, la gent consulte els llibres d'història? Trobarà documents plens de mentires i invencions com que el valencià és un dialecte del catala. Ya es parla hui de "Regne Migeval de Catalunya" i, si no fem res, diran que el Regne de Valéncia mai existí. El polític i escritor Edmund Burke digué: "Per a que el mal triumfe, basta en que els hòmens de be no facen res". Cal lluitar contra la plaga catalanista. És la nostra obligació, la de qualsevol que tinga dignitat, denunciar per a evitar este gran frau.

És hora de lluitar per la nostra terra. És hora de deixar de comportar-mos com ovelles poregoses i lliurar-mos d'estes cadenes en les que mos volen esclavisar. És hora de velar pel futur dels nostres fills i nets. És hora, en definitiva, d'antepondre el be colectiu que és la pàtria al be particular i egoiste de cadascú. O com digué el president d'Estats Units, John Fitzgerald Kennedy: "No preguntes qué pot fer el teu país per tu, sino qué pots fer tu pel teu país". Hem de pensar un poc menys en Espanya i un poc més en mosatros. Voler-mos més a mosatros mateixos. Ara es tracta d'ofrenar noves glòries a Valéncia, ya que si mosatros, que som valencians, no ho fem... ningú de fòra vindrà a defendre la nostra terra. Com digué el gran pensador Lucio Anneo Séneca: "Ningú ama a la seua pàtria perque és gran, sino perque és la seua".

---

[14] Moviment V República (Veneçuela), Partit Socialiste Unit de Veneçuela (Veneçuela), Partit dels Treballadors (Brasil), Aliança País (Equador) o Moviment al Socialisme (Bolívia). Tots ells han desbancat als partits de tota la vida.

Josué Ferrer

L'importància de tindre un Estat propi.

Cal reactivar la consciència nacional, recuperar de nou la valencianitat perduda. El Comte-Duc d'Olivares digué: "En els valencians faré lo que yo vullga, en els aragonesos lo que puga i en els catalans lo que ells vullguen". Sigles més tart, el valencià continua sent un poble sumís, obedient i borinot que a tot diu que sí, que acacha el cap front a lo que diuen des de la Meseta encara que diguen que els valencians no existim, que som menys que res. El centralisme de Madrit no és millor que l'imperialisme de Barcelona. Si Catalunya mos tutela, colonisa, sodomisa i fa de mosatros lo que vol és en connivència de l'Estat Espanyol. Des de Madrit, a través de les seues rates colaboracionistes de Valéncia, hui es fa molt més imperialisme català que des de Catalunya. Volen regalar-li als catalans el nostre cap servit en fritera de plata.

Els valencians som una nació cultural... pero ¿convindria que fórem també una nació política? ¿Interessaria dotar-mos d'un Estat? Yo crec que este punt és absolutament fonamental per a garantisar l'independència de la llengua valenciana. Bosni, serbi, croat, montenegrí, islandés, noruec, suec, luxemburgués, ucranià, bielorrús, moldau, armeni, urdu... Tots ells eixemples de llengües independents que han arribat a ser considerar-se com a tals només a partir de tindre una nació política, un Estat independent que donara soport a la cultura autòctona ya que abans se'ls considerava dialectes. Si Islàndia fora de Noruega o Luxemburc d'Alemanya l'islandés i el luxemburgués hui serien considerats dialectes del noruec i de l'alemà. Pero en el moment en que un poble es dota d'un Estat independent, sol independisar-se l'idioma també.

D'una atra banda, quan dos pobles tenen uns idiomes germans pero conformen regions d'Estats distints també tenen més opcions de diferenciar oficialment les seues parles que si abdós formaren part del mateix Estat. Si Galícia pertanyguera a Portugal o Catalunya a França quasi en tota seguritat el gallec seria oficialment un dialecte del portugués i el català un dialecte de l'occità. La cultura va íntimament lligada a la política i a voltes només un Estat independent pot preservar-la. Tant és així que fent una analogia orteguiana[15] podríem dir que "la llengua és la llengua i les seues circumstàncies". És ben segur que si Occitània, Bretanya i Còrsega foren Estats independents conservarien millor la seua cultura. A sovint tindre un Estat on una ètnia siga la majoria demogràfica i no una minoria és l'únic camí de preservar l'identitat d'un poble.

Si hui en dia el valencià està considerat un dialecte del català és per la nostra pertinença a Espanya. Són moltes les hipoteques polítiques que els partits espanyolistes (PSOE, PP, EU...) tenen en els partits catalanistes (ERC, CIU...). La creació de la AVL obedix a un pacte Madrit-Barcelona per a que CIU recolzara al Govern del PP a nivell d'Estat a canvi de que se garantisara l'unitat de valencià i català. Pero si Valéncia fora un Estat independent, no seríem moneda de canvi de ningú. La AVL no tindria raó de ser, Catalunya no podria fer-mos chantages i el valencià seria una llengua i no un dialecte. Si s'ha independisat inclús l'idioma bosni... ¿cóm no anava a independisar-se el valencià? Quedaria el problema dels catalanistes valencians pero, sense l'influència dels seus colegues de Catalunya i Espanya, serien agranats ab el temps.

---

[15] "Yo soc yo i les meues circumstàncies", célebre cita del filòsof José Ortega i Gasset.

El quart poder.

U dels grans problemes del valencianisme és que no dispon d'una infraestructura mediàtica favorable. La divisió del país en províncies ha dificultat que quallen els mijos de comunicació a nivell nacional. Dels diaris –quasi tots ells provincials– es contava en l'ajuda de *Las Provincias*, que sempre jugà a la doble baralla i que en el moments claus es destapà com un submarí que estava del costat del *Partido Popular* (PP) i que mai havia segut valencianiste de veritat. I la dependència de la periodista Maria Consol Reyna fon tan gran que l'estratègia i l'agenda del valencianisme polític la marcaven dos diaris de la dreta espanyola com eren *Las Provincias* primer i l'extint *Diario de Valencia* més tart.

A nivell audiovisual, els distints Governs han usat Radio Televisió Valenciana (RTTV) per a cobrir en un gran mant de silenci l'existència del conflicte llingüístic, d'Unió Valenciana, de Coalició Valenciana, i també del valencianisme en general, validant la premissa de que lo que no ix en la televisió no existix. D'entre les ràdios i televisions locals i regionals s'ha contat en el tracte favorable d'alguns (pocs) mijos de comunicació com ara el Canal 13, Radio Luz o la 97.7. Pero lo cert és que els mijos autènticament valencianistes (com ara *El Palleter*, *Valencia Freedom*, *Lletraferit* o *Som*), a pesar del seu immens mèrit, no tenen una audiència massiva i van més destinats al consum intern que una atra cosa.

Seria molt important contar en un mig de comunicació de masses pròpiament dit. El desaparegut diari *Valéncia hui* fon un intent valent pero que arribà massa tart; en una época en la que els periòdics de paper anaven morint u darrere d'atre per a deixar pas a l'evolució: la prensa digital. Una publicació en paper és difícilment rendable hui, i en cas de dur-la a terme deuria ser un semanari (a l'estil de *Tiempo*, *Época* o *Cambio 16*). Aixina i tot, lo millor seria un diari en internet. Allí els costs són ínfims i si se fa un producte informatiu ben diferenciat dels atres (cosa que mai sabé fer *Valéncia hui*) se pot obrir un espai important en la xàrcia. Ahí tenim els clars casos de *Libertad Digital* o *Minuto Digital*, entre uns atres.

Campanya d'image.

Les coses no només són lo que són sino també lo que pareixen. Als valencianistes mos perseguix una série d'estigmes com el de que som fascistes, analfabets i crispadors mentres que els catalanistes s'han creat una image de progressistes, moderns, cults... Tal és aixina que molta gent –curta, òbviament– identifica el català en l'esquerra i el valencià en la dreta. Resulta fonamental elaborar una campanya d'image en la que es puguen invertir estos térmens i els valencianistes mos llevem els estigmes i comencem a penjar-se'ls ad ells. Els valencianistes deuen ser vists com personages heroics, patriotes que lluiten per la seua terra, víctimes d'un Estat opressor i injust, persones cultes i ilustrades, etc. Als catalanistes cal crear-los l'image de lo que realment són: uns imperialistes neonazis, faches, ignorants que reescriuen l'història, etcétera. Si algun catalaniste mos insulta dient-mos fascistes per defendre la llengua valenciana, respongam-li dient-li que ell és un mal naixcut que renega de sa terra. No permetam que cap traïdor puga anar pel carrer en la cara alta.

Operació "Obri els ulls".

¿Cóm es pot esperar que el poble valencià reaccione contra el catalanisme si ni tan sols és conscient de que el *valencià* oficial és, en realitat, català? La majoria de valencians voten a partits catalanistes sense saber que ho són i els jóvens estudien en l'escola el *valencià* confiats de que realment és això. Per a trencar el mant de silenci que vol ocultar –i ademés negar– l'existència mateixa del conflicte llingüístic i inclús del valencianisme, calen fòrmules més originals que les d'omplir de tanques publicitàries els carrers quan arriben les eleccions o la d'inaugurar una sèu d'una institució cultural i no fer res per donar a conéixer l'entitat, explicar en qué consistixen les seues activitats o comentar cóm poden apuntar-se.

El valencianisme és un moviment molt tancat, endogàmic, un gueto per a ser sincers, potser per la seua tradició elitista i burguesa de dirigir-se a una minoria selecta i menysprear a un poble, que per més incult i ignorant siga, no deixa de ser el nostre poble. Ademés, el valencianisme cultural quasi no es coneix més allà de les fronteres del Cap i Casal. Ni este tampoc mostra un especial interés en que es conega. Lo del valencianisme és com aquell que obri una nova botiga en el barri; si no et fas un poc de propaganda ni et relaciones en els veïns ni et molestes en explicar-li a ningú que lo que tu vens és pomes i no sabates lo més normal del món és que tingues molts pocs clients. Pero la culpa no serà del barri sino teua.

Encara que no m'agrada gens ni mica posar-me com a eixemple de res (perque no ho soc en absolut) crec que l'anècdota de la meua arribada al valencianisme mereix ser compartida en els llectors per surrealista i clarificadora. Fon precisament gràcies a un amic catalaniste, companyer ell de la Facultat. Yo sempre havia defés que el valencià era una llengua independent i no un dialecte (encara que no coneixia les Normes d'El Puig ni tan sols de la seua existència). Ya en el colege, yo pensava que l'assignatura de *valencià* era açò mateix: valencià. La trobava un poc rara; era com una espècie de valencià ortopèdic, un poc catalanisat potser, prou estrany, pero creïa que allò era idioma valencià a pesar de tot.

Fon a l'arribar a la Facultat i fer una certa amistat en círculs catalanistes quan comencí a deprendre coses. Tenia un amic en el que solia discutir sobre llengua. Ell em dia "blavero" i em preguntava que si era de Lo Rat Penat. Yo no sabia ben be que volia dir açò de "blavero" (un temps més tart descobrí que era un insult) ni a qué es dedicava exactament Lo Rat. Em sonava pero no sabia de qué. Fon el meu amic catalaniste qui m'explicà que havia un proyecte per a fer una llengua valenciana independent i distinta de la catalana que era compartit per la gent de Lo Rat, Unió Valenciana, etc. A partir d'ahí em presentí en giner de l'any 2000 en Lo Rat Penat dispost a informar-me i estudiar la (verdadera) llengua de la meua pàtria.

És cert que el valencianisme carix de mijos de comunicació potents, d'una estructura d'Estat i inclús d'un poder financer per a propalar el seu mensage. Pero tampoc contaven en cap d'estos recursos els apòstols, el mensage cristià del qual acabà derrotant el paganisme de l'Imperi de Roma, ni els bolchevics, que destruïren la tirania del sar. A falta de mijos de comunicació, un bon mètodo per a expandir el mensage valencianiste seria repartir follets i pasquins –que serien breus, senzills i normalment d'un sol full– a la porta de coleges i instituts alertant als pares de que l'assignatura de *valencià* que reben en classe els seus fills és en realitat una atra cosa. Moltíssims adolescents engrossarien les nostres files.

Als jóvens se'ls informaria en mensages clars, concisos i inteligibles de que hi ha un atre valencià distint i alternatiu al que reben en l'escola (que en realitat no és tal), de que socialistes i populars prohibiren la llengua valenciana i oficialisaren la catalana, de que patim una substitució llingüística, etc. Els fulls –o pegatines– han de remetre a alguna web per a informar-se detalladament, un lloc a on s'explicara (des de zero i per a gent que no sap res) la nostra versió dels fets, qué són les Normes d'El Puig (el 95% o més dels jóvens no sap ni tan sols de sa existència), recomanar els cursos de llengua que impartix Lo Rat Penat (LRP), etc. En fi, a explicar-ho tot en preguntes i respostes senzilles, clares i breus.

A través dels pasquins o de l'informació en les pàgines-web hem de fer que als jóvens els pique la curiositat per llegir obres com *Valencià ¿llengua o dialecte?* de Chimo Lanuza o *Societat, Ciència i Idioma Valencià* d'Antoni Fontelles; llibres que autènticament remouen les consciències. I sobretot animar des dels propis fulls a fotocopiar-los i repartir-los, a modo de cadena, als companyers i amics. O a compartir els enllaços d'internet. Aixina es podria canalisar tota la ràbia adolescent contra el sistema catalaniste que els oprimix per a portar als jóvens al valencianisme, tant cultural com polític i social. És l'única manera de fer que els jóvens, rebels per naturalea, lluiten contra el sistema. Toca obrir-los els ulls.

També es podrien escriure mensages valencianistes (en valencià, en espanyol i en anglés) en els billets d'euros, per a que circulen per tota Europa. No cal tindre cap por per rotular en ells puix tots els comerciants, aixina com els bancs, els accepten de bon gust encara que miren de reüll. Calen mensages com "El valencià és una llengua, no un dialecte", "¿Llengua valenciana o catalana? ¡Volem referèndum!", "¡Prou de català! Volem llengua valenciana independent", "Pareu l'etnocidi en València", "Llengua valenciana mai catalana" o "¡Vixca Valéncia Lliure!", etcétera. Ab estos i uns atres mètodos cal traure de l'ignorància al nostre poble, per a que este es rebele i lluite per la seua llengua i per la seua terra.

La lluita per les alcaldies.

L'estratègia del valencianisme polític deu seguir a l'hora de fer política a nivell municipal és la de pactar en qualsevol grup només a canvi de fer-se en l'alcaldia (i si pot ser també la Regidoria de Cultura i Educació). Es palés que quan un partit menut li dona el seu soport per a governar al partit gran, en les eleccions següents el gran sol créixer a costa del menut (moltes voltes fins a fer-se en la majoria absoluta). I és que si el partit menut li ha de regalar el meu vot al gran millor votar directament ad este últim. Per contra, si el partit gran i el menut pacten de tal modo que l'alcaldia se la queda el menut, a les següents votades el partit menut és molt més conegut i sol multiplicar espectacularment el número de vots. Una bona forma de créixer per a un partit valencianiste seria pactar en qualsevol partit (no importa si d'esquerra o dreta) pero en la condició de que l'alcaldia recaiguera en el candidat valencianiste. I a partir d'ahí, a fer valencianisme. L'alcaldia deu ser ostentada pel partit valencianiste els quatre anys, res de repartir l'alcaldia en l'atre grup dos anys per a cadascú.

Un poblet antisistema que desafia al món.

Hi ha molts poblets menuts que conten en uns pocs centenars d'habitants. Alguns no arriben ni als cent. En alguna aldea un partit valencianiste deuria comprar una casa com a local per al partit. I en eixa casa es deurien empadronar un centenar o dos de valencianistes (encara que vixqueren en uns atres pobles). A l'hora de votar en les eleccions municipals el partit valencianiste venceria en una majoria demolidora. Potser açò puga paréixer una estratègia mafiosa pròpia de batasunos pero en la pràctica l'ha dut a terme el PP. Per eixemple, en Terrateig en 2003[16]. Si ho fan els populars ¿per qué mosatros no? Eixe poblet es podria usar com a quarter general per a escampar el valencianisme en la prensa provocant notícies polèmiques a diari (oficialisar les Normes d'El Puig, fer concursos i publicacions valencianistes, cursos d'estiu i a distància, convocar consultes populars a on el poble triara entre valencià i català, o a on es condenara la AVL, etc.). Eixa aldea li donaria molta publicitat al valencianisme, puix seria una fàbrica de notícies que eixiria en els diaris tots els dies.

Valencians al poder i l'estratagema dels dorments.

Em sorprén que museus valencians els dirigixquen no valencians o que productores de Madrit elaboren els programes de Canal 9. És important que els valencians mos ajudem els uns als atres a copar les cúpules de poder. Més encara ho és que estos siguen valencianistes, ya que una cosa és ser valencià i una atra molt distinta és eixercir com a tal. Hem de colocar als nostres en les altes esferes. Magistral és al respecte l'estratagema dels *dorments* del PSOE. Els

---

[16] El Bloc denuncià en juny de 2003 que el PP havia doblat el cens electoral de Terrateig, arribant a haver xixanta persones empadronades en una casa. Se passà de doscents habitants en 1999 a quatrecents per a les eleccions de 2003. Això li va permetre al Consol Fenollar (PP) guanyar en un 65% dels vots. Segons pareix, la pràctica és llegal.

socialistes solen colocar en llocs de responsabilitat a gent afí que pot *hivernar* en silenci durant anys o inclús décades pero que desperta justetet en el moment que cal, quan es requerixen els seus servicis per a ajudar als seus companyers de lluita. Açò es nota clarament en el món de la justícia i de l'Universitat a on hi ha un fum d'infiltrats socialistes, aparentment sense cap relació en eixe partit, disposts a despertar en virulència només reben l'orde. I encara que hui el valencianisme no tinga tant de poder com el socialisme hem de colocar també als nostres *dorments*. És esta una estratègia política eixemplar i útil.

Tots units contra l'enemic comú.

La Guerra Civil enfrontà a dos bandos completament desiguals: per un costat, la República, que contava en tota la força de l'Estat i per una atra els insurrectes del bando nacional. La diferència de poder fea pensar que la República esclafaria en poc de temps a uns insurgents que estaven en minoria tant en recursos com en número. Pero el bando republicà estava molt dividit i al final pesà la major organisació de l'eixèrcit franquiste. Una cosa aixina passa hui, a on Catalunya, molt ben organisada, està sometent a tots els seus veïns. Pero això hem d'estar tots units front a l'enemic comú. Tots, els de dretes i els d'esquerres, nacionalistes i regionalistes, valenciaparlants i castellaparlants... Tot el valencianisme unit en una gran aliança de concentració nacional front als que mos volen agranar de tots els llibres d'història i dels mapes del món. I això significa estretir llaços en uns atres defensors de llengües amenaçades, en els aragonesistes, balearistes, aranesistes, castellaparlants de Catalunya... En tot el qui mos puga ajudar. Perque l'enemic del meu enemic és el meu amic.

Josué Ferrer

Aliança valencianista.

A l'hora d'enfrontar-se a unes eleccions estaria molt be que tots els partits de base valencianista arribaren a un acort de mínims per a formar una gran aliança valencianista, una gran plataforma que els aglutinara a tots. Podrien anar Coalició Valenciana (CV), Unió Valenciana (UV), Esquerra Nacionalista Valenciana (ENV), Partit Regional de la Comunitat Valenciana (PRCV), Identitat Regne de Valéncia (IRV), Partit Republicà Autonomiste (PRA), Centre Lliberal (CLL) i en definitiva tots aquells que estiguen disposts a lluitar per la pàtria. Ya que són pocs els partits valencianistes i damunt menuts, estaria be concentrar forces en una gran plataforma en lloc d'anar fent sa guerra particular cadascú per separat. Una gran coalició valencianista donaria una sensació d'unitat de cara a l'electorat i infondria ànims renovats en els votants puix es voria a un sol bloc cohesionat, fort, potent i ilusionant capaç d'aglutinar a tot el valencianisme des del regionalisme fins a l'independentisme, des de la dreta a l'esquerra en benefici d'eixe be colectiu superior que és la nostra pàtria.

L'ecovalencianisme ¿un somi impossible?

U dels dèficits del valencianisme polític és la nula voluntat d'acostar-se a l'ecologisme. És cert que l'idea de l'ecologia està molt vinculada a l'esquerra, i per influència del fusterianisme, al pancatalanisme. Pero... ¿hi hagut algun intent seriós per a acostar postures? Seria molt positiu per a l'image del regionalisme valencià poder anar de la mà d'un grup ecologiste moderat, una cosa aixina com lo que passa en el Bloc Nacionaliste Valencià (BNV) i el seu soci ecologiste, Esquerra Verda (EV). I si no es troba cap grup ¿acàs no es pot crear u? Per eixemple Els Verts –en t–. Si es creara un partit ecovalencianiste nomenat Els verts, podria furtar vots a *Els Verds* –en d– per la similitut de noms, restar forces polítiques a l'ecocatalanisme i aportar una image de frescor i modernitat al valencianisme. I és que en una era en la que les armes atòmiques i la contaminació poden acabar en l'humanitat, hem de defendre valors com la pau i la naturalea. La proposta de crear i impulsar un partit polític ecovalencianiste és una idea original del mege i escritor valencià Pau Giner.

No soc blavero, ¡*soc valencianiste!*

Cal anar en conte en el Bloc Nacionaliste Valencià (BNV), puix pretén disfrassar el seu catalanisme de valencianisme. Du a terme una estratègia molt inteligent de cara a l'electorat: vol transformar el duel de valencianistes (partidaris del valencià) contra catalanistes (partidaris del català) en un nou duel de blavers (partidaris del valencià) contra pancatalanistes (partidaris dels països catalans) i en mig una tercera via, uns nous *valencianistes* (partidaris del català). ¿Cóm permetem que mos diguen blavers en lloc de valencianistes? No sigam ilusos, no caigam a la trampa, no els fem el joc.

Per tant, no consintam que mos diguen blavers ni que des del Bloc se facen jocs de paraules i malabarismes conceptuals. En el Bloc parlen de normalisació de la llengua quan volen dir substitució perque parlar i escriure en català i en acabant dir que és valencià en el millor dels casos només pot ser tildat de (sub)*normalització* llingüística. Diuen fer valencianisme de construcció i ser d'estricta obediència valenciana. Pero els del BNV (¿o més be deuria dir-se BNC?) lo que fan de veritat és catalanisme de construcció perque són d'estricta obediència catalana. Concretament obediència a CIU, la matriu del Bloc.

Des del Bloc tracten de despullar-mos del concepte de valencianisme per a apoderar-se d'ell en exclusivitat pròpia fins al punt d'adulterar-lo i mutar-li per complet el seu significat. Ells són ara els més *valencianistes* de tots. Ara els que de veritat som realment valencianistes ya no ho som: segons el Bloc som secessionistes (això és impossible ya de que no es pot seccessionar lo que mai ha estat unit; en este cas valencià i català) quan ells són els autèntics anexionistes, som valencianistes de reacció (els catalanistes afirmen ser ara valencianistes de construcció) o només som blavers en tot cas.

Blaver és a valencianiste lo que sociata a socialiste, pepero a popular o catalanufo a catalaniste: un terme pijoratiu. No parlem ya de blavero (¡aixina, espanyolisat!) Cal definir-mos com a valencianistes, abandonar els qualificatius blaver i blavero que són despectius i confusos, i deixar molt clar a Valéncia i al món que valencianistes només són els que defenen tot lo valencià, que qui negue que el valencià és una llengua no pot dir-se valencianiste mai de la vida. Ací no hi ha terceres vies ni valen les miges tintes. Si no apostes per una llengua valenciana independent no eres valencianiste i punt.

Desobediència civil.

Crec en el dret natural i irrenunciable dels ciutadans a enfrontar-se contra els seus governants si són injusts. És el dret inalienable de l'humà a defendre's dels Estats opressors. Com a resposta a l'etnocidi que patim, cal iniciar una campanya de desobediència civil que incloga activitats com l'us de les Normes d'El Puig, no votar partits catalanistes, fer un boicot als productes procedents de Catalunya i d'empreses catalanistes, realisar tot tipo de manifestacions i actes de denúncia i protesta, encadenar-se, fer folgues de fam, no pagar imposts, aprofitar qualsevol tipo d'acte per a denunciar públicament –i si es pot, mediàticament–, l'etnocidi aixina com reivindicar l'independència de l'idioma, donar a conéixer el nostre conflicte en tot lo món per eixemple en l'emissió d'un documental en un festival, portar un llacet negre en la solapa per la mort del valencià, reunir firmes d'intelectuals a favor de la llengua valenciana, etc. I especialment negar l'autoritat de la catalanista AVL. Perque com ya varen advertir els romans –dels quals deriva tot el nostre dret– una llei injusta no és llei.

L'educació, de pares a fills.

El drama més angoixós que vivim en Valéncia és l'adoctrinament pancatalanista que patixen els nostres fills en l'escola, en professors més reaccionaris que els ensenyen lo que han de pensar en lloc d'ensenyar-los a pensar i ademés els eduquen en un complex d'inferioritat cap als catalans dient-los que mosatros no som res i ells ho són tot. I com resulta natural, els pares tenen molta por a protestar perque els mestres poden prendre represàlies contra els fills i baixar-los la nota o inclús suspendre'ls. Per això, hem d'educar des de la família i la llar. Front al rentat de cervell, són els pares els qui deuen instruir als seus chiquets, alertant-los de que lo que li conten en l'escola és mentira, apuntant-los als cursos de valencià, fent-los llegir a escritors com Toni Fontelles, Chimo Lanuza o Leopolt Penyarroja, evitant a tota costa que els seus fills reben classe en la llínea d'educació en català, etc. Als chiquets per la seua part els correspon seguir-li la corrent al mestre i dir en l'examen lo que este vol sentir pero sense que es creguen una paraula de totes les mentires que diu.

Llibres electrònics.

Dins d'uns anys es produirà una autèntica revolució tecnològica, de similars dimensions a la d'internet o el teléfon mòvil. Es tracta dels llibres electrònics o digitals. Hui no són importants perque llegir-los en la pantalla de l'ordenador és profundament incómodo i traure'ls per l'impressora ix car. Pero en el moment en que es comercialise un dispositiu llector que siga barat, no massa gran i fàcilment transportable, els llibres digitals cada volta li menjaran més terreny als de paper. ¿Quin sentit té per a una editorial valencianista gastar 2.000 euros en una tirada de 500 eixemplars si fer un PDF és debades? El llibre digital és tot ventages: no fa falta talar arbres, no calen tirades mínimes, es pot distribuir per tot lo planeta a través d'internet, una obra no queda descatalogada mai, permet recuperar llibres que hui només pots trobar en llibreries de vell i disminuïx els costs de producció en lo qual es pot vendre més barat. Crec fermament que el llibre digital és el futur i el valencianisme cultural deuria sumar-se ad esta incipient revolució que un dia canviarà el món.

Boicot als productes catalans.

Es deu efectuar un boicot als productes catalans i comerços regentats per catalanismes. En Irlanda del Nort els probritànics fan tots els anys unes desfilades a on commemoren la seua victòria sobre els proirlandesos. Esta desfilada sol passar per barris catòlics per a provocar als proirlandesos. Estos elaboraren un llistat dels participants (noms, llinages, domicili, etc.) per a en acabant marcar els seus comerços i no comprar-los res. El resultat va ser que a l'any següent, en la desfilada, molts dels orgullosos probritànics es quedaven en casa. Una cosa aixina podíem fer en els catalanistes, elaborar llistes d'ells i no comprar-los res, tractar-los com els empestats que són... No s'ha de comprar res procedent d'empreses o de comerços de propietaris catalanistes; en especial llibres en català –ni de text ni de llectura–. Si l'adquisició és obligatòria per raons escolars es pot acodir a la biblioteca o a la fotocopiadora... Qualsevol cosa abans que comprar-los. També és urgent no comprar periòdics procatalanistes –més encara havent prensa gratuïta i tenint internet a l'abast de la nostra mà–.

¡Digues no!

La relació que té un ciutadà en el seu país es pareix a un matrimoni. Et cases en una persona. I et cases enamorat. Al principi l'adores, donaries la vida per ella sense pensar-ho dos voltes. Pero veus que eixa persona et menysprea hui i demà i despusdemà... Notes per la seua part un ninguneig constant, veus que no eres res per ad ella sino una moneda de canvi. Fins que aplega per fi el dia en que dius: "Estic fart. No puc més. ¡Fins ací hem arribat, s'acabà el meu amor per tu!".

Eixe és exactament el sentiment que yo sent ara per Espanya. Fa uns anys haguera donat la meua vida per Espanya. Hui no done res per ella. Perque per ad ella els valencians només som una vaca a la que esprémer tota la llet, una moneda de canvi, un grapat de vots. El pecat dels valencians és que sempre hem pensat molt en configurar estructures polítiques superiors com Espanya o l'Unió Europea (UE) pero hem pensat molt poc, poquíssim, en lo nostre. I aixina de mal mos va.

Em sent com eixos atletes negres que tenia Estats Units en la primera mitat del sigle XX que guanyaven un títol mundial o una medalla d'or olímpica per al seu país i en acabant no els deixaven passar a un bar a prendre's una copa perque eren negres. ¿De qué em servix donar lo millor de la meua persona a un Estat que m'odia per ser lo que soc? Aixina havien de sentir-se ells, i aixina em sent yo, com a valencià, en respecte al conjunt d'Espanya, que odia lo que soc.

Per contra ¿quí són els més beneficiats d'Espanya? Euskadi i Catalunya. Just els que més l'odien. Elles dos són les que conseguixen les ventages econòmiques, polítiques i culturals més favorables juntament en Madrit, per ser esta la capital d'Espanya. Com més odien a Espanya, més privilegiat és el tracte que obtenen d'ella. ¿Per qué no prenem eixemple? Ya sabem que el premi a la llealtat a Espanya és la traïció, l'etnocidi i la reducció a cendres de la nostra història, cultura i idioma.

El Govern de Madrit usa als valencians com a moneda de canvi per a donar gust a l'oligarquia catalana. Els partits espanyols, a través dels seus sicaris espanyolistes d'ací, mos furten la cultura, mos furten la llengua, mos furten l'història... Tracten de borrar-mos de l'història com si mai haguérem existit. El Regne de Valéncia mai existí. Només som un mer apèndix de Catalunya o u de Castella, que igual de déspota és un amo que l'atre. Els valencians som els catalanets del sur.

Evidentment Madrit i Barcelona conten, en estos moments de l'història, en un poder financer i mediàtic superior al nostre. Pero mosatros contem en un arma molt més poderosa, tan poderosa que cap imperi del mon és capaç de destruir i eixa arma es diu rebuig. El nostre rebuig a ser borrats de l'història com si mai haguérem existit. El nostre rebuig a ser esclaus. Que no conten en mi per a ser una ovelleta dòcil i obedient. No soc cap animal. Soc un home. I tinc els meus drets.

¡Front ad un Estat que em tracta com un esclau yo em plante i li dic no! ¡Front ad un Estat que em tracta com una ovella i no com a un home yo dic no! ¡Front a un Estat que prohibix la llengua valenciana i que vol que parlem el català yo dic no! ¡Front a un Estat que pretén agenollar al poble valencià yo dic no! ¡Deixem de comportar-mos com ovelles poregoses! ¡Ha arribat l'hora de que tots els valencians alcem per fi la nostra veu, defengam nostres drets i comencem a clamar que no!

Pàtria, llengua i llibertat.

El valencianisme –polític, cultural i social– ha de tindre un lema que l'identifique si aspira a ser un moviment en un cert grau de cohesió i en una identitat pròpia que mostre unes traces definitòries clares de cara a la societat. U molt bo fon "Llibertat, igualtat i fraternitat" que inspirà els principis de la Revolució Francesa (1789-1799) de la qual és hereu tot el món occidental. El "Deu, pàtria i furs" ve associat al carlisme, al vasquisme i a l'idiosincràsia conservadora en general. Pel que fa a Valéncia tenim el "Llibertat, amnistia i Estatut d'Autonomia" utilisat en la transició per a reclamar l'autogovern valencià, és reivindicatiu pero està massa vinculat al catalanisme. I el mític "¡Vixca Valéncia lliure!" de l'intelectual Francesc Almela i Vives i el popular "¡Llengua valenciana, mai catalana!" solen ser els usuals en el Regne. Junt ad ells, aposte pel lema "Pàtria, llengua i llibertat", la triple reivindicació que resoldria tots els nostres problemes. O també "Regne, llengua i Senyera". Podrien ser uns bons lemes per al moviment valencianiste ya que els simbolisen be.

La muixeranga: himne del valencianisme.

És una peça musical d'incommensurable bellea, única en el planeta i a l'altura de les millors composicions del món. No m'estranya que el ensagiste Joan Fuster apuntara a *La muixeranga* com a futur himne per als països catalans. No sigam panolis, no mos deixem furtar lo que mos correspon per dret. No abandonem *La muixeranga* per les connotacions catalanistes que esta puga tindre. Ans al contrari, cal fer que esta peça tinga unes connotacions valencianistes per a que siguen els catalanistes els qui reneguen d'ella. *La muixeranga és* valenciana... i deu ser valencianista. Deu convertir-se en un emblema, en un símbol que només sone la gent ho associe a Regne, llengua valenciana i Real Senyera. No podem deixar-mos furtar esta joya musical; seria com entregar el *Tirant lo Blanch* de Joanot Martorell en les mans dels catalans. Cal identificar-la de nou en els símbols valencians; sentir-mos orgullosos d'ella. És combativa, bucòlica, patriòtica i una mica trista. És senzillament perfecta. Deu ser, junt en l'*Himne Valencià* i la Dama d'Elig, u dels nostres símbols més grans.

11 d'Octubre; dia del valencianisme.

U dels problemes més significatius del valencianisme és que no tenim cap dia exclusiu en que manifestar-mos. Tenim el 9 d'Octubre (que és el dia de tots els valencians), el 3 de Març (dia de la llengua i cultura valencianes) i el 25 d'Abril (que commemora la desfeta d'Almansa). Pero no tenim un dia propi; el dia del valencianisme. L'historiador Antoni Atienza, sabedor d'esta problemàtica, propongué un dia de reivindicació valencianista. Ell apostava per dos possibles dates: la més cridanera és la del 29 de juny –Decret de Nova Planta i abolició dels Furs Valencians–, pero Atienza considera que seria més interessant recuperar l'antiga romeria que es fea a l'ermita de Sant Jordi en El Puig, el dia 11 d'Octubre, en la qual, segons l'autor Miquel Duran i Tortajada, es portava la Senyera a fer allí missa i festa; data que també es podria traslladar al 23 d'Abril, puix en la festa de Sant Jordi també es trea la Senyera, escoltada pel Centenar de la Ploma. El dia 11 d'Octubre és, per pròxim al dia 9, la data perfecta per a constituir un dia valencianiste; un dia de festa.

Per l'unitat del valencianisme.

Que dins d'un moviment hi hagen distintes sensibilitats i formes de pensar és lo més normal del món. Pero que el valencianisme es dividixca en capelletes enfrontades les unes en atres és un erro mortal. Per una banda pense que cadascú pot pensar com vullga: nacionalisme, regionalisme i demés -ismes, pero el fondo de la qüestió deu ser el valencianisme actiu el que mos guie en la nostra defensa de tot lo que mos identifica com a poble diferent i diferenciat. Per damunt de tot cal ser valencianistes i això significa defendre sempre i sense reserves tot lo valencià abans que lo de fòra.

Que no mos facen caure en el seu joc de divisió, nacionaliste-regionaliste, estreleta sí-estreleta no, accents sí-accents no, dretes-esquerres. Som valencians, defengam la llengua valenciana en una sola veu. Les etiquetes (ara per ara) sobren. Hui en Valéncia només existixen dos alternatives: o s'és valencianiste o s'és catalaniste (per a mi espanyoliste o ser meninfot és lo mateix de catalaniste, almenys perseguixen lo mateix, afonar-mos als valencians).

"¡Dividix i venceràs!", això pensen els que volen vore agenollat al nostre poble front a interessos estrangers. Pero no podem donar-los eixe gust.

No es tracta de ser esquerriste o dretiste, cristià o ateu, nacionaliste o regionaliste... La gent que cal és la que pensa aixina: "Estic dispost a treballar per una Valéncia que no este subordinada a Catalunya ni a Espanya ni a ningú". Esta és la gent que de veritat val. Nacionalment parlant, estic més a prop ideològicament d'un fasciste o un comuniste que no vullga vore una Valéncia subordinada a ningú que d'un progressiste que vol la subordinació a Catalunya o un democristià que anhela la subordinació a Espanya. És el referent nacional, i no l'eix ideològic dreta-esquerra, lo que realment m'interessa a mi.

Quan el patriota, militar i revolucionari irlandés Michael Collins començà a reclutar gent per a lluitar contra l'Imperi Britànic per l'independència d'Irlanda, li donava igual si els que reclutava eren de dretes o d'esquerres, rics o pobres, o si eren catòlics o protestants perque el debat no era si volien ser catòlics o protestants; el debat era si volien ser irlandesos o britànics. Per a mi qualsevol individu dispost a lluitar per una Valéncia que no s'agenolle mai davant de ningú, és un gran valencianiste i el meu camarada, i m'és indiferent si és musulmà, ateu, hispanoparlant, anarquiste, hermafrodita, etc.

El problema és que hi ha gent que és nacionalista abans que valencianista o que és conservadora abans que valencianista o que és monàrquica abans que valencianista o que és espanyola abans que valencianista, etc. Puix be, que sàpia el llector que aquell que antepon qualsevol –isme polític per damunt del de valencianisme no és un valencianiste real. "Treballaré per un Regne de Valéncia que no estiga subordinat a Catalunya ni a Espanya ni a ningú"

–esta forma de pensar és la que separa a un valencianiste real del que sols aparenta ser-ho–. El Regne, la llengua i la Senyera deuen ser el nostre punt d'unió.

Admire als pobles que com Alemanya saben sacrificar els interessos individuals en pro del benefici colectiu i molt especialment a Japó, un bloc sense fissures tan unit que és com si una inteligència colectiva fora la que guia a la nació, perque allí 130 millons de nipons pareixen actuar com un sol home. Per contra, Valéncia és un poble tan desquarterat, tan dividit, que no mos posem d'acort ni en quina és la nostra bandera, llengua, cultura, identitat nacional. I lo que resulta encara més llamentable: ni tan sols coincidim en el nom de la nostra, segons per a qui, comunitat, regió, nació, regne o país.

Prou trencada està ya la pàtria ab el provincianisme, i per la Guerra Catalano-Valenciana de suplantació cultural que mos enfronta per la llengua com per a que un grapat d'inconscients afone el valencianisme ab les seues divisions ególatres i personalistes. ¡Ben segurs podeu estar tots de que aquells que promouen les capelletes i que consideren qualsevol -isme polític per damunt del valencianisme són una colla d'antipatriotes de la que no vos heu de fiar! Regne, llengua i Senyera. ¡Clame per l'anhelada unitat del valencianisme! Yo soc valencianiste. Sense edulcorants ni afegitons. Valencianiste i punt.

Josué Ferrer

ALGUNES CONTESTACIONS

"L'Història mos revela la dignitat del valencianisme
i l'indignitat de molts valencians".
Joan Batiste Sancho i Gea (professor
de llengua valenciana).

Contestacions que els fan callar.

Els catalanistes són com eixos ninots als que els dones
corda i actuen d'una forma mecànica. Deprenen una série
d'idees o arguments falaços que partixen de l'irracionalitat,
l'anticientifisme i la mitologia i els repetixen dia a dia. Per
eixemple, una reacció molt comuna a tots ells és la de tildar
de fasciste i/o d'ignorant al seu interlocutor si este no li dona
la raó (no importa que este siga de l'extrema esquerra o un
premi Nobel). En el fondo, són dignes de llàstima puix no
fan sino repetir com un autómata els arguments que els han
donat sense ni tan sols parar-se un minut a qüestionar-los o a
reflexionar; són víctimes dels rentats de cervell que es fan en
unes escoles a on els professors no estan interessats gens ni
mica en ensenyar a pensar als seus alumnes, sino en
ensenyar-los qué és lo que deuen pensar, que és una atra cosa
ben distinta. Sense ànim de ser exhaustiu, a continuació
presente un conjunt de contraarguments senzills i casolans
per a desfer les tesis que pot usar un pancatalaniste en una
conversació coloquial. Respostes que fan callar a més d'u i
de dos.

La consciència de ser valencians

1) El valencià és un dialecte/variant/la mateixa llengua que el català.

-El propi Badia Margarit, que era català i rector de l'Universitat de Barcelona, reconeix que a principis de sigle XX el català era dialecte de l'occità. Pero en un moment donat els secessionistes catalans decidiren que volien que el català fora un idioma i no un dialecte. ¿Per qué els catalans tenen dret a independisar la seua llengua i els valencians no?
-Abans també es dia que l'ucranià era un dialecte del rus i hui són dos llengües distintes i independents entre sí.
-Abans també es dia que l'aranés era un dialecte del català i hui són oficialment dos llengües distintes entre sí.

2) El valencià és una variant del català, com l'andalús (o l'argentí) ho és de l'espanyol.

-No és el mateix cas. L'andalús mai ha tingut un sigle d'or (el valencià sí), en Andalusia la gent diu que parla espanyol o castellà pero no diu que parla andalús (en Valéncia diem que parlem valencià pero no català) i en Andalusia la gent sent l'andalús com un dialecte de l'espanyol (en Valéncia sentim el valencià com un idioma independent, autòcton i propi i no com un dialecte del català). Sense eixir de la Península Ibèrica, trobes gallec i portugués, dos llengües que a pesar dels seus pareguts són oficialment distintes entre sí. El cas de valencià català és comparable en el de portugués i gallec.
-Que el valencià vinga del llatí o del català, o que es parega més o manco al català, m'és igual... Ací la qüestió és ¿tenim els valencians dret a tindre una llengua independent si aixina ho volem? Perque els secessionistes catalans no

dubtaren a l'hora d'independisar el abans dialecte català de l'idioma occità. ¿Per qué ells tenen dret i mosatros no?

<u>3) Totes les Universitats del món diuen que el valencià i el català són la mateixa llengua. </u>

-Les Universitats no diuen res perque una Universitat és, per definició, un fòrum obert de debat a on es pot defendre blanc, negre, gris, vert o blau. Tu podràs dir el professor Tal de l'Universitat Qual diu que el valencià i el català són lo mateix, pero que ho diga un particular no és lo mateix que ho diga oficialment l'Universitat sancera. És més, l'Universitat del món que diga obertament que el valencià és un dialecte del català, deixa d'immediat de ser una Universitat per a convertir-se en una dictadura intelectual on no es permet la discrepància ni el debat. Eixe és potser el cas de l'Universitat Bananera de Valéncia pero ya saps que eixa desprestigiada institució hui més que una Universitat és una broma.

<u>4) Tots els filòlecs del món diuen el valencià i el català són la mateixa llengua.</u>

-Dis-me el nom i llinage de tots ells, l'Universitat o centre a on treballen i el títul de l'estudi concret que han realisat per a arribar a eixes conclusions. Si eres incapaç d'aportar estes senyes millor que calles i que no digues coses que no són.
-També dien els filòlecs abans que el català, el gallec i el vasc eren dialectes de l'espanyol i saps que no és aixina.
-La llengua la fa el poble, no els filòlecs, segons el llingüiste Noam Chomsky.

<u>5) El valencià és català perque vingueren els repobladors catalans.</u>

-¡Sí home! Si els catalans havien de poblar tot el Regne de Valéncia, això significa que els comtats catalans s'hagueren buidat.

-Està demostrat que els repobladors catalans foren entre un 1 i un 4% del total de repobladors. Ells no implantaren cap idioma.

-En aquella época no hi havia catalans perque Catalunya no existia; existien els comtats catalans que és una atra cosa.

-Puix vindrien els catalans en una màquina del temps perque que yo sàpia Catalunya no existia en el sigle XIII.

-Els repobladors eren llauradors analfabets. No és possible que esta gent poguera ensenyar cap idioma a la gent d'ací.

-¿I Galícia i Portugal qué? ¿Quí invadí a quí? ¿Quí repoblà a quí? Perque fiquem per cas, que els gallecs repoblen Portugal, ¿per qué dieu llavors que els gallecs parlen portugués? En tot cas, els portuguesos parlaran gallec ¿no?

-És l'únic cas del món en que un dialecte té un Sigle d'Or que no té la llengua materna. ¿Cóm vols fer creure això? Si foren la mateixa llengua els catalans haurien desenrollat una lliteratura ben rica abans que mosatros ¿no? D'igual forma que no és creible que Hispanoamèrica poguera desenrollar un Sigle d'Or lliterari abans que Espanya, tampoc Valéncia ho haguera pogut fer abans que Catalunya a menys que siguen dos idiomes diferents.

<u>6) El català i el valencià s'entenen; això és perque són la mateixa llengua.</u>

-Que dos llengües s'entenguen no significa que siguen la mateixa; tan sols significa que venen d'un tronc comú. Si el valencià vinguera del llatí i el català del japonés no mos entendríem, pero com les dos venen del llatí és normal que se pareguen.

-Yo entenc als gallecs i als italians. Per lo tant, el gallec i l'italià són dialectes del català. Ho diuen tots els filòlecs del món.

-Mira els països escandinaus: l'islandés, el noruec, el suec, el danés i el feroés són cinc llengües oficialment distintes i independents entre sí a pesar de que els seus usuaris s'entenen a la perfecció entre ells. En el cas que mos pertoca, ab el valencià, el balear, l'aragonés i català passa igual; es pareixen molt perque són de la mateixa família pero cadascuna és distinta.

-Puix per la mateixa regla de tres, el català és un dialecte de l'occità, ya que es dona el fenomen d'inteligibilitat entre els dos.

<u>7) El valencià ha d'estar unit al català per a que hi haja un mercat prou gran per a que puga sobreviure.</u>

-Puix la llengua feroesa, parlada per només 40.000 persones, no sols sobreviu sino que goja d'una excelent salut.

-Si per mercats fora, el d'Espanya i Hispanoamèrica és més gran que els dels *països imaginaris*. ¿Escrivim en castellà, no?

-A sovint se diu que Catalunya vol anexionar-se a València i Balears perque per sí sola no té prou força com per a fer-se independent pero això no és cert perque Andorra, a pesar del seu tamany, és independent. Lo del mercat és únicament una excusa; en el fondo teniu la mentalitat immadura de tots els imperialistes que consistix en furtar lo que és del veí.

8) Cal defendre la llengua (catalana, s'entén).

-¡*Cataluña, una, grande y libre*! I en acabant a presumir de progre i a dir que els faches som els demés.

-Tot això de defendre la llengua, cultura, bandera i interessos de Catalunya en lloc de defendre la llengua, cultura, bandera i interessos de València denota un fort complex d'inferioritat. Que siga catalaniste un català, val, pero que siga catalaniste un valencià ya és de ser borinots. Estos casos d'autoodi i de trastorn de la personalitat tenen cura. Et recomane que acodixques urgentment a un siquiatra. Yo de tu m'ho faria mirar.

9) Yo no soc catalaniste: soc valencianiste.

-Perdona, pero tu defens el català. ¿I com es diu a qui defén la llengua i cultura catalanes? ¿Italianiste?

-Qui defén l'espanyol és espanyoliste, qui defén el valencià valencianiste i qui defén el català catalaniste.

<u>10) Eres anticatalaniste.</u>

-¡No, eres tu l'antivalencià al negar la nostra identitat!

<u>11) En l'Acadèmia Valenciana de la Llengua (AVLL) el conflicte està superat.</u>

-¿Fem un referèndum?
-La AVL és una institució política feta per polítics en membres que són comissaris polítics triats a dit, com en el franquisme. En qualsevol societat civilisada del món açò hauria segut un escàndal. Una institució aixina no pot representar res.
-¿L'Acadèmia de Zaplana? ¡Va home! ¡No faces riure!
-La llei, si és injusta, no és llei.

<u>12) El 95% del poble vol l'unitat perque aixina ho vota la gent.</u>

-¿Fem un referèndum?
-Que els partits majoritaris imponguen el català no significa que ho accepte la majoria del poble. Al cap i a la fi, ¿per qué ho oculten? ¿Per qué no diuen obertament que posen català? Perque saben que això la gent no ho vol.
-En unes eleccions no se vota només la llengua sino també economia, treball, moltes coses... Si vols saber qué és lo que opina el poble valencià de que el català siga la llengua oficial en Valéncia, puix fem un referèndum i eixim rapidet de dubtes.

La consciència de ser valencians

-¿I qué? El 100% del parlament argentí li furta al poble argentí... ¿Significa això que el poble els vota per a que li furten?

13) El catalanisme és d'esquerres.

-¿El catalanisme d'esquerres? ¿Ho dius per Convergència i Unió (CIU)?

-¿El catalanisme d'esquerres? ¿Ho dius per Joan Fuster, aquell ilustre membre de la Falange, que va passar del *España, una, grande y libre* al *Cataluña, una, grande y libre*? Facha abans i facha posteriorment... Ho dius per ell ¿no?

-¿El catalanisme d'esquerres? Ho dius pels que van cada 25 d'Abril pels carrers del Cap i Casal en la bandera de Catalunya al crit de "¡Gora ETA. ETA vine i mata'ls!"? Oh, sí, sou molt progressistes. La veritat és que sí.

-El catalanofascistes sou imperialistes perque voleu que Catalunya absorbixca Valéncia, sou neonazis perque useu els mateixos arguments que els nazis per a procedir a tal anexió i sou filoterroristes perque cada 25 d'Abril li doneu vives a ETA...

-L'imperialisme mai pot ser progressiste. I voler quedar-se en una cosa que no és teua és de ser imperialiste.

14) El valencianisme és de dretes/Eres un fasciste.

-¿El valencianisme de dretes? ¿Ho dius per Esquerra Nacionalista Valenciana (ENV)?

132

-¿I cóm t'expliques que els sindicats usaren la Real Senyera en els temps de la II República (1931-1939)? ¿O que els cartells que instaven als republicans a combatre en la Guerra Civil usaren la Real Senyera en la franja coronada en blau?

-Defendre lo del veí en lloc de lo de casa no és de ser de dretes ni d'esquerres, és de ser un trompellot i això és lo que eres tu.

15) Soc nacionaliste/catalaniste perque odie l'imposició de Madrit/Castella/Espanya.

-Parles de l'imposició de Castella pero acceptes en total naturalitat la de Catalunya. Això és només canviar d'amo. Si et dona pel sac Madrit et queixes pero si és Barcelona qui te baixa els pantalons, llavors poses el cul en pompa.

-No eres nacionaliste valencià sino regionaliste català puix vols que Valéncia siga una simple regió catalana, un satèlit que orbita en torn a Catalunya, vols una relació metròpoli-colònia com la que tenien Espanya i Cuba.

-Tu lo que vols és ofrenar noves glòries a Catalunya, yo ofrenar noves glòries a Valéncia.

16) Eres un analfabet/ignorant/incult/anticientífic.

-Els catalanistes aneu d'intelectuals per la vida, mirant per damunt del muscle als atres, tildant d'analfabets o de fascistes a tots els qui no vos donen la raó. ¿Quí t'has cregut que eres? Que un Nobel se les done de sabut be, pero tu no eres ningú.

La consciència de ser valencians

-Per a intelectuals de saló i per a allumenats ya en tenim prou en els ayatolàs. Eres un catalibà.
-Eres del mateix tipo de *científics* que volien cremar a l'astrònom Galileu Galilei i que dien que el món era pla.

17) La Real Senyera és la bandera de Valéncia capital, pero no la de tota la nació.

-Des de fa sigles, la Real Senyera és la bandera no només del Cap i Casal sino de tot lo Regne de Valéncia.
-Ya. Clar. I mira quina *casualitat* que la bandera que millor mos representa als valencians és la bandera catalana.

18) Els franquistes li posaren el blau a la Senyera.

-¿Cóm expliques que els sindicats i l'eixèrcit republicà d'abans i de durant la Guerra Civil usaren la Real Senyera en blau?

19) Use la quatribarrada perque és la bandera d'Aragó.

-¿I qué? ¿És que eres aragonés?
-Açò no és Aragó ni és Catalunya, és Valéncia; per tant hem d'usar la bandera valenciana.
-La d'Aragó porta un escut que no porta la teua bandera. Tu uses la quatribarrada nua que és la de Catalunya.
-La bandera del rei Jaume I el Conquistador portava dos barres i no quatre.

<u>20) Use la quatribarrada pels lligams històrics i culturals que hi ha entre Aragó/Catalunya i Valéncia.</u>

-Valéncia mai formà part de Catalunya. De fet, Valéncia ya hi existia varis sigles abans que Catalunya.

-En Catalunya ningú arbora la bandera valenciana mai. ¿Per qué hauria de ser tan idiota d'arborar ací la bandera d'ells?

-Llavors per la mateixa regla de tres en Mèxic i en Cuba deuen utilisar la bandera d'Espanya en lloc de la seua ¿no?

<u>21) La bandera dels valencians és el penó de la conquista.</u>

-Penó de la rendició voldràs dir, puix segons la llegenda no la duyen els conquistadors sino els que es varen rendir.

-El penó és un frau. A pesar de que no se li ha fet la prova del carbono 14 per qüestions polítiques, anà un grup d'experts a analisar-lo i va ser només vore'l i afirmar que sense cap tipo de dubte aquell drap era radicalment fals.

<u>22) Sobre el Principat de Catalunya.</u>

-¿Principat de Catalunya? ¿Per a on para això? ¿Entre l'Atlàntida i el País de Mai Més, de Peter Pan?

-Et convide a una paella si em dius un sol príncip que Catalunya haja tingut en tota la seua història.

-¿Principat? ¿De quin principat parles? ¿Del d'Astúries, del de Gals o del de Mónaco? Que yo sàpia, Catalunya l'únic príncip que té és el de Bequelar, el de les galletes de chocolate.

La consciència de ser valencians

-¿Catalunya principat? ¿Des de quan hi ha principats sense príncip?

23) Sobre els països catalans i la catalanitat dels valencians.

-¿Països catalans? ¿Per a on para això? ¿Entre l'Atlàntida i el País de Mai Més, de Peter Pan?

-En Àustria es parla alemà, són alemans. En Valéncia es parla el català, són catalans. Actueu igual que els nazis.

-Els valencians mai de la vida hem segut catalans ni ho som actualment ni mai ho serem perque no ho volem ser.

24) Sobre la Confederació Catalano-Aragonesa.

-¿Confederació Catalano-Aragonesa? ¿Per a on para això? ¿Entre l'Atlàntida i el País de Mai Més, de Peter Pan?

-Lo que existí és el Regne d'Aragó pero la Confederació Catalano-Aragonesa de la que em parles no existí mai.

25) Catalunya i Valéncia són pobles germans i per això deurien federar-se i estar juntes.

-Sí, rendir vassallage i servitut a Catalunya és l'ilusió de ma vida.

-¿Fer-mos catalans mosatros? ¿Per qué no es fan valencians ells?

-Dos pobles són germans no per tindre llengua i cultura similars —ni tan sols la mateixa— sino per respectar-se i per ajudar-se mútuament. I els catalans preferixen que l'aigua sobrant de l'Ebre es perga en la mar abans que cedir-li-la als seus *germans* valencians. Catalunya i Valéncia són dos pobles germans sí... com Caín i Abel.

-¿I cóm faríem eixa suposta federació? ¿És que acàs mos invadirà el gloriós eixèrcit català per a *lliberar-mos* o qué? Perque si és per vies democràtiques, si és a través d'un referèndum o de la voluntat popular, segur que no.

26) <u>Yo soc un català naixcut en Valéncia.</u>

-Que un valencià diga que és català és com si u de Badajoz diu que és asturià.

-Puix si tu eres català, yo soc paraguayà.

-¿En quants catalans es gità ta mare per a que eixires aixina de catalaniste i de mal naixcut?

-Ser valencià i catalaniste és una desgràcia; és com ser judeu i nazi.

27) <u>Catalunya està a la vanguarda d'Espanya.</u>

-Això és fals. Catalunya sempre ha anat (i va) a rebuf d'Euskadi. Euskadi fon el primer en reclamar la policia autonòmica, la televisió autonòmica, la facenda foral o l'Estat lliure associat. Els catalans es llimiten a copiar als vascs i anar sempre un pas per darrere. Si els vascs es tiraren per un pont, els catalans serien els següents en llançar-se.

<u>28) Catalunya és una nacionalitat històrica.</u>

-Això és fals. Una nacionalitat històrica és aquell territori que històricament ha segut nació com per eixemple València, Balears, Navarra, Aragó, Castella o Lleó. Pero Euskadi i Catalunya mai varen ser nacions independents. No és el cas.

<u>29) Admire a l'escritor Joan Fuster. Fuster fon un gran intelectual.</u>

-Llavors sabràs que Joan Fuster era membre de la Falange (qué progre, ¿veritat?) i que dia coses com que l'*Himne Valencià* és una "merdeta", que la paella és "menjar per a pobres" o que totes les falleres són "un poc pendons". Per cert, ¿hi ha dònes falleres en la teua família? Ho dic més que res per que em digues si, com diu eixe Joan Fuster al que tu tant idolatres, les dones falleres de la teua família són unes putes o no.

<u>30) El nacionalisme/catalanisme és un moviment llibertari que lluita contra el sistema i l'Estat Espanyol.</u>

-O siga, que els peperos i els sociates –els espanyolistes– oficialisen el català en València i vosatres sou els antisistema ¿no?
-Me ric yo de tots els vostres intelectuals que van d'antisistema per la vida i en acabant van a demanar subvencions.

<u>31) El valencià no val per a res fòra de Valéncia. El castellà és molt més útil perque el parlen 400 millons de persones.</u>

-Això és veritat. En el castellà pots morir-te de fam en 22 països del món. Molt útil, sí senyor.

-Sí, el castellà és molt útil. Per a morir-se de fam. Que li ho diguen a andalusos, extremenys, castellans, equatorians, colombians i demés pobles que naixen en la maleta baix del braç i que porten la paraula "emigrant" escrita en el front.

-L'utilitat d'un idioma no es medix únicament pel número d'usuaris. Mira l'hindi; té molts més parlants que l'espanyol i no té cap prestigi.

-Sí, el castellà és molt important. Només cal vore les grans contribucions que ha fet a la ciència o el pes polític que tenen en el món les nacions hispanoparlants.

-L'espanyol és l'idioma del futur... en les presons. Perque en la NASA me pareix a mi que no.

<u>32) El valencià no val per a res fòra de Valéncia. Millor deprendre anglés.</u>

-Qui diu això, per lo general ni sap valencià ni sap anglés.

-Si vius en Valéncia és més útil el valencià. ¿O és que quan vas a la biblioteca, al forn o al supermercat parles en anglés en la dependenta?

Josué Ferrer

CENT PROPOSTES PER A VALÉNCIA

"No preguntes qué pot fer el teu país
per tu sino qué pots fer tu pel teu país".
John F. Kennedy (president dels Estats Units d'Amèrica).

Molt a sovint el valencianisme s'ha caracterisat per ser un moviment monotemàtic que sempre parla dels mateixos temes (llengua, països catalans, AVL, etc.). A continuació presentem cent propostes per al Regne de Valéncia en quatre camps molt diferents: pàtria, poble, economia i cultura. No tenen per qué ser les úniques ni tampoc les millors. No les presentem en un ànim dogmàtic, autocràtic ni inquisitorial sino més be per a oferir idees per a qui les vullga fer servir. Simplement són unes propostes concretes per a intentar millorar el nostre Regne; tan vàlides com puga ser-ho qualsevol atra. Dites propostes se fan des d'un punt de vista multicultural, entés en el bon sentit de la paraula. És dir, prenent com a eixemple de cultura no al tercermundisme sino més be fixant-mos en les nacions més desenrollades del Primer Món. Són estes, en tots els seus defectes que els tenen, el far de la civilisació. Per això, no se propon ací cap utopia impossible sino més be el fet de copiar sistemes i models que ya han funcionat be en països que li porten décades de ventaja al nostre.

Josué Ferrer

PÀTRIA

"Els polítics valencians; la mitat són uns venuts
i l'atra mitat uns acomplexats".
Federico Jiménez Losantos (periodiste i escritor).

1)
El Primer Món està ahí fòra.

Encara que el Regne de Valéncia s'ha modernisat molt en els últims anys encara continuem a anys llum de les nacions més punteres del planeta. Si yo fora el president de la Generalitat Valenciana no faria una política de dreta ni d'esquerra ni de centre ni de dalt ni de baix. El meu programa consistiria bàsicament en aplicar en Valéncia les polítiques d'Estats més alvançats que el nostre que ya han funcionat prèviament. Canadà, Estats Units, Alemanya, Suïssa, Holanda, Suècia, Islàndia, Irlanda, Japó... Són moltes les pàtries que mos porten la davantera i molt lo que encara hem de deprendre d'elles. Cada dia estic més convençut de que el retart històric arrossegat pels valencians és l'herència adquirida d'estar dins d'Espanya i que constituir un Estat Valencià és l'única forma de tornar a ser el país seriós que fórem un dia. Som un poble atrassat que té molt per fer; convindria que els valencians mos fixàrem menys en Espanya –que només mos ha portat la decadència i barbàrie– i més en els països més desenrollats que el nostre per a, en lo possible, tractar d'emular-los.

2)
La separació de poders i la farsa de la democràcia.

El filòsof Charles-Louis de Secondat, Montesquieu, decretà que un presupost bàsic de la democràcia és la separació dels tres poders –llegislatiu, eixecutiu i judicial–, i que sense una separació efectiva una societat no és democràtica sino que és una atra cosa: una aristocràcia, una autocràcia, etc. El problema és que en Valéncia qui guanya les eleccions s'endú el poder llegislatiu, l'eixecutiu, el judicial, l'informatiu i la capacitat d'influir sobre l'econòmic per lo que en la realitat vivim en una dictadura disfrassada de democràcia. ¿Cóm si no, s'explica que el català siga l'idioma oficial en la nostra terra quan la majoria de la societat defén que valencià i català són distints? Posaré un símil futbolístic per fer-me entendre. ¿S'imagina el llector una lliga de fútbol els àrbitres de la qual foren triats a dit pel president del Real Madrit? No caldria disputar-la: ya se sap el campeó de bestreta. Puix açò és lo que passa, per eixemple, en la justícia. L'objectiu prioritari deu ser el de garantisar una separació radical dels tres poders, de tal modo que cadascú siga independent dels atres.

3)
Apologia de la democràcia directa o Tot per al poble pero en el poble.

Necessitem la democràcia directa de Suïssa, a on el poble té l'última paraula, és ell qui decidix a través de referèndums. Quan parle de democràcia directa i de referèndum ho faig en un doble sentit. El primer quan un parlament pren una decisió (sancionant una llei o canviant la Constitució) i en acabant la gent la vota. I el segon és l'iniciativa popular, originada fòra del sistema polític i que busca una cosa nova que polítics i Govern no volen. Est últim cas és conegut com iniciativa popular directa –i reclamaria que el 2% de la població firmara la petició de convocar un referèndum– i l'anterior es diu indirecta –basta en un 1%–. També hi ha un tercer cas: que siga l'Estat el que convoque el referèndum. La democràcia directa és afegir un quart poder –el popular– als tres ya existents ara (el llegislatiu, l'eixecutiu i el judicial) que tenim hui. No és un sistema perfecte pero potser és el que més s'acosta a la perfecció. Yo anhele una democràcia participativa en la que els polítics tinguen clar que s'ha d'obeir la voluntat majoritària de la societat, en la que l'autèntic sobirà siga el poble.

El referèndum en Suïssa, com molt be indiquen les investigadores Alejandra Salinas i Margarita Molteni, té cinc punts fonamentals. 1) Es du a terme en tots els nivells de Govern (és dir, a nivell municipal, cantonal i confederal). 2) Les barreres per a poder impulsar-lo són baixes: si es modifica la Constitució el referèndum és obligatori, si el Govern o parlament sancionen lleis es preveu un referèndum opcional que requerix un 1% de firmes. L'iniciativa popular directa requerix un 2% de firmes. 3) El referèndum és usat en forma intensiva. 4) Els resultats són vinculants per lo que el Govern deu eixecutar lo decidit, lo que el poble realment desija i vol. 5) Finalment, dir que els referèndums en Suïssa es poden convocar sobre qualsevol tema: no hi ha excepcions ni restriccions a les qüestions que es someten a consulta. En el Regne, per falta de tradició democràtica, convindria que alguns temes no foren votats. Almenys durant un temps. Parle d'assunts tributaris, penals, presupostaris i educatius. Actualment, el poble encara no està madur per a abordar tot açò.

Si es presenta el número requerit de firmes vàlides, la Generalitat s'obligarà a convocar el referèndum i a acatar lo que la ciutadania decidixca. Es tracta d'acabar en la caciquil costum que hi ha en Espanya per la que el Parlament llança a la paperera les firmes d'una iniciativa popular. No es podran sometre a consulta els temes que siguen impossibles, illegals o anticonstitucionals (encara que sí que es podria canviar i retocar la llei aixina com la Constitució Valenciana o Furs). La Generalitat no necessitarà del vist i plau de Madrit per convocar un referèndum. Encara que el 96% de consultes és aprovat en Suïssa, hi ha un important 4% d'iniciatives llegals que ha segut rebujat pel poble. En Valéncia al poble li toca engolir en eixe 4% de lleis (per eixemple l'oficialitat del català, una norma que privatisa la sanitat o una reforma laboral que retalle drets al poble). La democràcia és molt més que anar a votar cada quatre anys: és que els polítics servixquen a la gent i no que la gent servixca als polítics. El dia que sigam conscients d'açò, haurem donat un gran pas avant.

4)
Eleccions, representativitat i democràcia.

Es proponen dèu mides per a millorar la representativitat i la democràcia electorals: 1) Presentació de candidatures. Per a crear un nou partit deu haver un cert soport popular. I això deu passar no sols per arreplegar un número de firmes sino també per contar en el vist i plau d'un determinat número d'associacions o entitats. 2) Circumscripcions comarcals. La divisió de la pàtria en comarques comportarà entre atres coses que els resultats de les eleccions valencianes vagen en funció de circumscripcions comarcals i no provincials com fins ara. Aixina, hi haurà també una millor proporcionalitat en la representació democràtica, cosa que en les actuals províncies està poc equilibrada. 3) Llei de partits polítics. Resulta vital crear una llei que llimite el gast de millons d'euros per part dels partits polítics en campanyes electorals i que introduïxca una transparència que deixe clar cóm es financen. <u>4) Propaganda electoral igual per a tots</u>. Tots els partits contaran en el mateix número de minuts de propaganda electoral gratuïta, sense que importe el seu número de vots.

<u>5) Aplicar la llei de Hare.</u> De les diverses regles que existixen a l'hora de baremar uns resultats electorals (la Sainte-Laguë, la d'Hondt, la de Hare, la de Droop...) la més justa és la de Hare[17] i la menys la d'Hondt. La de Hare toca aplicar-la en Valéncia. <u>6) La barrera del 5% de vots per a que un partit entre a les Corts deu baixar al 0%.</u> Això aportaria pluralitat en les Corts, beneficiaria als partits minoritaris i dificultaria les majories absolutes. <u>7) Llistes obertes.</u> Possiblement, la més clàssica reivindicació dels demócrates. <u>8) Dificultar el transfuguisme.</u> Deuen endurir-se les lleis per a combatre esta llacra. <u>9) Llei de Responsabilitat Electoral.</u> Els polítics que incomplixquen ses promeses electorals durant el seu mandat queden inhabilitats per a la política de per vida. Els polítics que hagen segut condenats en ferm per la justícia per un cas de corrupció ya no podran tornar a dedicar-se a la política mai més. <u>10) Dissolució dels Ajuntaments.</u> Els Ajuntaments deuen tindre la capacitat de dissolució i convocar eleccions anticipades si la circumstància ho requerix.

5)
Higiene democràtica i control dels polítics.

El funcionament dels partits polítics ha de ser democràtic. Tant els càrrecs interns del partit com els candidats oficials

---

[17] La Llei de Hare dividix el número de vots vàlits pel número d'escans. El resultat es diu *quota*. Cada partit conseguirà tants escans com quotes obtinga. Els escans que queden per ocupar seran otorgats tenint en conte el número de vots sense quota que encara li quede a cada candidatura (restant), repartint-se entre els restants més alts.

en unes eleccions deuen ser triats en primàries pels militants pel sistema d'un afiliat, un vot. El programa electoral deuria ser cosa de tots els militants i no sols de la cúpula. Tots els polítics deuen –per llei– fer públic anualment el seu patrimoni aixina com els de les seues famílies, tant en les institucions corresponents (Ajuntament, Corts...), com en internet i en el Tribunal i el Síndic de Contes. Cal crear una Llei Valenciana d'Incompatibilitats que siga ben estricta i que inhabilite a un individu d'eixercir la política si es troba vinculat a forts interessos privats. Els polítics deuen tindre prohibit per la llei el poder absentar-se injustificadament de les institucions polítiques (les Corts, els Ajuntaments, etc.) igual que un treballador no pot ni deu absentar-se del treball quan li done la gana. I deu quedar estrictament prohibit que puguen pujar-se els sòus quan vullguen o dotar-se de jubilacions de lux. Els seus salaris pujaran en la mida que ho faça el IPC[18].

6)
Referèndum revocatori.
S'instaurarà un referèndum revocatori inspirat en l'artícul 72 de la Constitució Veneçolana de 1999 per a finalisar anticipadament el mandat de qualsevol autoritat pública triada democràticament. Els requisits: que ho solicite per escrit el 20% o més de l'electorat inscrit en el cens i que dita consulta mai es puga realisar abans de transcórrer la primera mitat de llegislatura (aixina, se garantisa un mínim de temps per a evaluar el seu treball). Quan un número igual o major d'electors que el que triaren al funcionari vote a favor de la seua revocació –i que participe en el referèndum almenys el 25% dels electors inscrits en el cens– se considerarà revocat

---

[18]   Índex de Preus de Consum.

el mandat. No es podrà impulsar més d'una solicitut de revocació per mandat contra una mateixa persona. Que un funcionari siga revocat comportarà l'immediata despossessió del càrrec que disponguera i l'inhabilitació vitalícia per a la carrera política o judicial. Es tracta d'impulsar un mecanisme de control sobre les autoritats públiques, especialment en un país com el nostre en que ningú dimitix mai per res.

7)
Llimitació del mandat a huit anys.

Una de les coses bones que té eixa nació de les llibertats que és Estats Units d'Amèrica és la llimitació del mandat dels dirigents polítics a un màxim de huit anys. És dir, que poden governar per una llegislatura de quatre anys en possibilitat de renovar per una llegislatura adicional. Aixina alcaldes, governadors i inclús el president nacional deuen abandonar el poder per la prohibició expressa d'accedir a un tercer mandat consecutiu[19]. Soc partidari de fixar este llímit de huit anys en els Furs del Regne de Valéncia. Motius, hi ha de diversa índole. Primer, perque huit anys és temps suficient per a posar en marcha un proyecte polític i valorar els fruts que ha donat. Segon, perque encara que un partit polític guanye les eleccions en vàries convocatòries, cada dos llegislatures entraria un nou president, que triaria un nou equip de treball i noves persones de confiança, en lo qual es regenera el proyecte. I tercer, perque el poder corromp i per tant, eternisar-se en ell resulta perillós i perjudicial per a la població. Llimitar el poder dels polítics és molt beneficiós per la societat civil.

---

[19] La llei no és uniforme en tots els Estats. En alguns es llimita el mandat i en un atres no. Lo ideal seria llimitar-lo en tots.

8)
Nacionalitat històrica i nacionalitat llingüística.
El terme "nacionalitat històrica" és una de les més burdes estafes intelectuals dels últims anys. Considerar nacionalitats a Galícia, Euskadi i Catalunya i al restant de pobles de l'Estat com a meres comparses secundàries és, en el millor dels casos, una aberració. Nacionalitats històriques són Castella, Lleó, Aragó, Navarra, Valéncia, Balears... És dir, aquells pobles que històricament han segut nacions i no simplement aquells que disponien d'un Estatut abans de la Guerra Civil (1936-1939). Pero catalans o vascs no han tingut un Estat mai, per lo que no poden ser nacionalitats històriques. En tot cas podríem parlar de "nacionalitats llingüístiques" per a referir-mos als pobles en identitat, llengua i cultura pròpies; i això sí pot aplicar-se correctament a Galícia, Euskadi i Catalunya. I per supost, Valéncia és nacionalitat llingüística (puix conta en un idioma propi com el valencià) ademés d'històrica (fon un regne independent; una nació lliure, un Estat sobirà). Estes dos denominacions oficials –tant l'històrica com la llingüística– deuen plasmar-se en l'Estatut del nostre país.

9)
Nacionalitat valenciana.
L'espanyol és un Estat en diversos països dins d'ell. És possible que una futura Constitució Europea contemple una doble nacionalitat per a tots els ciutadans de l'unió: l'europea i l'estatal (portuguesa, espanyola, francesa...). Pero no és prou. Europa és un cresol de països, llengües i cultures i a sovint trobem pobles que constituïxen nacions sense Estat. És per això que cal una triple ciutadania: continental, estatal i nacional. La UE deu respectar la plurinacionalitat dels

Estats i velar pels drets de les minories ètniques. Cal buscar mecanismes per a reconéixer un estatus jurídic de nació –que no de mera regió– a nacionalitats com la nostra. Un valencià té dret a una triple ciutadania: europea, espanyola i valenciana. Cal ser oficialment lo que ya som per sanc: nacionalment valencians. Aixina, la gent estrangera que residira en Valéncia i adquirira la nacionalitat, ademés de ser espanyola i europea seria també valenciana. Per eixemple, la campeona mundial d'atletisme, Niurka Montalvo, seria valenciana no únicament d'adopció com ara, sino també de nació.

10)
Dret d'autodeterminació.
"Tots els pobles tenen el dret de lliure determinació. En virtut d'este dret establixen lliurement la seua condició política i proveïxen aixina mateix al seu desenroll econòmic, social i cultural". Aixina està arreplegat el dret d'autodeterminació en el Pacte Internacional de Drets Civils i Polítics adoptat per l'Assamblea General de l'Organisació de Nacions Unides (ONU) el 16 de decembre de 1966. Cal reconéixer en l'Estatut el dret d'autodeterminació per a Valéncia, u dels últims casos de colonialisme en Europa. El poble valencià té el llegítim dret a decidir el seu futur i per tant deu contar en la possibilitat d'autodeterminar-se com, de fet, aixina se reconeix a pobles com Quebec, Tíbet o Sàhara Occidental. No es tracta tant de forçar una separació d'Espanya com d'assegurar que contem en el dret d'autodeterminació i que si algun dia, per alguna d'aquelles, vullguérem fer us d'ell ho pugam fer en absoluta normalitat i llegitimitat. Com Mèxic, Cuba, Filipines, Veneçuela, Chile,

Uruguay o Argentina també el Regne de Valéncia té dret a conformar un Estat propi si aixina ho vol.

11)
L'Estat Lliure Associat de Valéncia.
L'Estat Lliure Associat de Valéncia s'investirà de plens poders llegislatius, eixecutius i judicials. El president de la Generalitat deu ser obligatòriament naixcut en territori valencià i el Rei d'Espanya seria el cap d'Estat de Valéncia, a l'igual que la Regina d'Anglaterra ho és també d'Austràlia o Canadà. La sobirania recaurà en el poble valencià –i no en el poble espanyol–, com en Escòcia, a on és el poble escocés qui la detenta i no el britànic. Seríem oficialment un Estat, en veu i vot en Europa i en el món. Compartiríem la defensa en Espanya i el mercat en Europa; per lo demés es pot dir que seríem virtualment independents. No cal ficar el crit en el cel davant esta proposta: Puerto Rico és un Estat lliure associat a Estats Units, les Illes Cook a Nova Zelanda, el Quebec ho serà en respecte al Canadà i inclús la pròpia Unió Europea es podria interpretar com una unió d'Estats lliures associats. Això sí, este model només seria el pas previ a una independència total perque el destí final de qualsevol poble és dispondre d'un Estat plenament sobirà per a regir el seu futur.

12)
De les Corts: la creació del Congrés i el Senat valencians.
Les Corts Valencianes es compondran d'un Congrés, per a llegislar, i d'un Senat, com a orgue de participació regional. En el Congrés –verdader centre neuràlgic de la vida política i social del país– els diputats debatran i aprovaran les lleis. El

futur Senat que es constituirà en Valéncia es nutrirà no de representants provincials sino comarcals. El Senat no deu ser una mera càmara decorativa de segones llectures de les lleis que elabora el Congrés, com ocorre en el destrellatat Senat espanyol. Al nostre Senat correspondrà coordinar les activitats de cooperació entre comarques i entre estes i la Generalitat, aixina com colaborar en la Generalitat a l'hora de que esta conega i defenga els interessos de les comarques –tant a l'interior com a l'exterior (a nivell estatal i internacional)–, controlar la política comarcal i regional del Govern i decidir sobre aquelles matèries –de finançament i atres– que afecten a les comarques. El Senat no deu ser, per tant, un orgue de mera representació sino sobretot de participació en els temes que toquen de ple al país, a l'estil del *Bundesrat* alemà.

13)
La necessària comarcalisació de la pàtria.
Propugnem eliminar les províncies i substituir-les per comarques com a divisions administratives. Això permetria una major agilisació de la burocràcia i una optimisació dels recursos, al resoldre un ciutadà moltes gestions en la capital de comarca i no en la de província com ara. A banda, eliminaria el provincianisme i contribuiria a la cohesió del nostre poble. Fixem-mos en els comtats d'Estats Units o Irlanda: aporten eficàcia administrativa i social. Es poden suprimir totes les administracions intermiges (Diputacions, etc.) i unir tots els pobles tocants entre sí (com Alfafar i Benetússer.) per a abaratir la gestió pública i les despeses en el país. Potser no mos podem permetre tindre trentaquatre comarques com ara, pero si les reduïm a quinze o vint és prou. De fet, moltes de les actuals, per sa toponímia, són

fàcilment fusionables (La Plana Alta i la Baixa podrien combinar-se en una única Plana i lo mateix en casos com El Maestrat, L'Horta, El Vinalopó...). Al remat, la comarcalisació obedirà a sòlits criteris històrics, geogràfics, econòmics, llingüístics, socials, demogràfics, etc.

14)
L'administració valenciana o De la burrocràcia a la burocràcia.

L'administració espanyola és una de les més ineficients i lentes d'Europa. És hereua del centralisme madrileny borbònic i del tercermundisme franquiste d'una plantilla de funcionaris molt poc professional que entra per enchufe i no per mèrits. Cal promoure la descentralisació de la Generalitat a comarques i Ajuntaments, així com racionalisar els recursos i aprofitar-los al màxim. Per això, hem d'acabar en despeses innecessàries, absurdes duplicitats de competències i prohibir intermediaris que sols disparen el cost; per eixemple ab les subcontractes. Els funcionaris que no se guanyen el sòu en la suor del seu front deuen ser despedits, per a erradicar la vagància i la cara dura del sector. El valencià serà requisit imprescindible per a ser funcionari, i l'idioma vehicular de l'administració. Els tribunals d'oposició reduiran al màxim els càrrecs polítics o de lliure assignació i es compondran de personal de reconegut prestigi, que valorarà als opositors de la forma més justa. El repte és desterrar esta *burrocràcia* enchufista, immòvil i corrupta pròpia del Tercer Món.

15)

Centres d'investigació i anàlisis de política pública.

Els centres d'investigació i anàlisis de política pública són organisacions que evaluen la validea i utilitat de les idees que formen la base d'una política i desenrollen noves teories sobre les quals es pot basar la política del futur. En Estats Units són coneguts com depòsits o tancs de pensament[20]. Estes fàbriques d'idees que nutrixen als polítics d'eixa matèria prima que són les visions innovadores resulta habitual en els països anglosaxons com Estats Units o Gran Bretanya i cal importar-les ací. Es tracta de que en elles hi hagen pensadors independents (economistes, juristes, filòsofs...), ab una pluralitat de tendències. No deuen existir estes institucions per a colocar enchufats o fagocitar intelectuals, sino per a posar l'inteligència dels millors cervells al servici de la pàtria, per a que orienten a governants, polítics i administració en eixes elucubracions que sols poden eixir de ments privilegiades. Front a institucions decoratives i inservibles com el Consell Valencià de Cultura (CVC) deuen fomentar-se institucions privades i fundacions que promoguen el debat de les idees.

16)

Policia Nacional Valenciana.

L'actual Policia Valenciana deu convertir-se en un cos modern, professional i potent, deu ser les forces de l'orde i seguritat del país, a l'estil dels Mossos d'Esquadra catalans o l'*Ertzaintza* vasca. La nostra policia, d'estricta obediència valenciana, tindrà l'àmbit d'actuació en tot el territori valencià, dependrà de la Generalitat, contarà en una direcció en sèu nacional en el Cap i Casal i es compondrà de distintes

---

[20]   *Think Tank* en l'idioma de William Shakespeare.

divisions i seccions. Junt ad ella, estaran les policies locals, dependents dels Ajuntaments. Aixina, l'actual Policia Nacional Espanyola i la Guàrdia Civil seran dissoltes i els seus agents incorporats a les files del cos de seguritat valencià. Al cap i a la fi, tindre quatre cossos de policia no és operatiu ya que multiplicaria les despeses en estructura, administració i llogística i fomentaria una descoordinació que beneficia al delinqüent. En cas d'una guerra, la Policia Valenciana podrà actuar, si les circumstàncies ho requeriren, com un cos de choc que recolzara a les Forces Armades, és a dir, com una segona llínea de flotació en la defensa militar de la nostra nació.

17)

Forces Armades.

Si Valéncia fora un Estat lliure associat a Espanya significaria que Valéncia assumiria absolutament totes les competències, a excepció d'unes poques en les que mantindrà els vínculs en Espanya, com puga ser el mercat, la monarquia com a eix d'unió entre els dos Estats o la defensa. I és que l'Eixèrcit espanyol constituirà la defensa comuna dels Estats d'Espanya i de Valéncia. Deu ser un eixèrcit professional, modern, ben armat i que estiga al servici del poble i la democràcia. L'Estat Valencià contribuirà humana, material i econòmicament en la proporció que li corresponga ad eixe eixèrcit comú. Si algun dia es rescatara el servici militar obligatori, dit servici deuria ser complit tant per hòmens com per dònes. Sé be que hi ha molta gent antimilitarista pero mentres hi haja països que confien en la força per a impondre la seua voluntat, mentres hi haja Governs en ànsies expansionistes, mentres hi haja ideologies agressives contra els valors de la civilisació occidental, caldrà tindre els mijos per a defendre la nostra societat. Tot lo demés només és demagògia o pacifisme de saló.

18)

Compromís en la OTAN.

L'Estat Lliure Associat de Valéncia deu rubricar un compromís ferm en l'Organisació del Tractat de l'Atlàntic Nort (OTAN). Estar en la OTAN és, per a una nació del nostre tamany i també per a una hipotètica Valéncia independent, l'única garantia de no ser atacada per uns atres Estats veïns. Pero no es tracta únicament d'una qüestió estratègica per a blindar la sobirania nacional. L'aliança atlantista pot ser també l'única força de choc capaç de fer front al comunisme, al terrorisme internacional, a l'islamofascisme que somia en Euràbia i Al-Andalus, l'única en apuntalar a Israel com a bastió de la civilisació occidental i primera muralla de defensa d'Europa contra les agressions del sanguinolent terrorisme islàmic. En el pas dels anys m'he tornat més i més atlantiste perque entenc que hi ha una série d'amenaces per a Occident que només poden ser respostes des de la cooperació internacional. El poder militar de la trentena de nacions que componen l'aliança pot ser el nostre millor escut protector front als reptes, desafiaments i perills que puga deparar el futur.

19)

Política exterior.

L'Estat Valencià tindrà plena llegitimitat i llegalitat per a representar els nostres interessos ab relacions polítiques, diplomàtiques i comercials en uns atres Governs. Hem de passar de ser moneda de canvi a tindre veu, vot i capacitat de decisió directes en tot assunt que mos afecte. La política exterior valenciana deu buscar un especial víncul en els Estats que defenen la democràcia i els drets humans, i en les nacions sense Estat que reclamen el dret de decidir. A diferència d'Espanya, que té una especial vinculació cultural en Hispanoamèrica, o Gran Bretanya en les nacions angloparlants, Valéncia no té germans perque és filla única. Cal mantindre una relació d'amistat i de cooperació en tots els veïns més pròxims pero deixant molt clar que dita relació només pot basar-se en el respecte mutu i que mai podrà anar més allà de ser bons veïns perque sempre que mos han propost germanors ha segut per a aprofitar-se de mosatros. A nivell d'ents de caràcter internacional, cal estar presents en l'Organisació de Nacions Unides (ONU) i en les principals institucions del món.

20)

Cooperació i solidaritat en les nacions sense Estat.

L'historiador Friedrich Meinecke és l'autor de la distinció, ya clàssica, entre nacionalisme polític i cultural. A partir d'ací el nacionalisme s'ha fet complex fins al punt de que hui es reconeix que hi ha Estats-nació, Estats plurinacionals i nacions sense Estat, cas últim en el que es troba la nostra pàtria: el Regne de Valéncia. La Generalitat deu dotar d'un impuls a les relacions polítiques i de fraternitat entre Valéncia i unes atres nacions sense Estat del món, com Quebec, Escòcia, Gals, Còrsega, Bretanya, República Sèrbia de Bòsnia, Kurdistan, Tíbet, Taiwan, etcétera. La Generalitat donarà el seu soport i el seu vist i plau a la lliure autodeterminació dels pobles i a que les distintes nacions sense Estat tinguen l'opció de dotar-se d'un Estat propi, si aixina ho volen. Especial atenció i ajuda rebrà el Sàhara Occidental, en el que tenim certs vínculs històrics i sentimentals. Es realisaran campanyes humanitàries i de colaboració ab este sofrit poble, ademés d'un simulacre de referèndum en Valéncia a on els valencians votaran si desigen un Sàhara independent o no.

21)
I Cimera Mundial sobre Globalisació, Treball i Drets Humans.

L'actual conjuntura mundial sols permet triar entre desocupació i explotació. Ab l'incorporació de les màquines al món laboral i la competència feroç de la mà d'obra barata del Tercer Món, els Governs occidentals han abaratit el despachament laboral, retallat drets als treballadors i deteriorat les condicions de treball davant les descomunals pressions de multinacionals que amenacen de desmontar les seues indústries i traslladar-les al Tercer Món, a on explotaran en règim d'esclavitut a adults (i inclús a chiquets) degut a que els drets humans no existixen allí. La solució no és despullar dels nostres drets als europeus sino lluitar per la globalisació de la llibertat, de la justícia i dels drets humans. Valéncia deu organisar la I Cimera Mundial sobre Globalisació, Treball i Drets Humans. Acodirà gent diversa (polítics, intelectuals, juges, sindicats...) que plantegen mètodos, idees, plans i hipotètiques solucions per a millorar els drets humans i laborals en el món. Es tracta d'aportar idees concretes i propostes planificades que els Estats –i colectius socials– pogueren posar en marcha.

Josué Ferrer

POBLE

"Ni polítics ni especialistes deuen opinar sobre conflictes llingüístics, pero sí el poble, que és el que usa el llenguage".
Noam Chomsky (llingüiste, el més important del món).

22)
Valors humans o Valéncia, baluart de la moral.

És esta una societat despiadada que a penes conta en valors morals i humans. L'egoisme, el relativisme i l'individualisme més extrems han suplantat a l'ètica més elemental. Instruïm als nostres fills per a ser algú de majors, els eduquem per a atényer l'èxit professional i econòmic el dia de demà pero mos despreocupem de transmetre una moral que faça d'ells alguna cosa més que mers competidors. Aixina és que a sovint mos trobem en professionals sense escrúpuls que perseguixen el triumf econòmic sense importar a qui hagen de traïcionar o ficar la cameta, o adolescents que veuen en la prostitució la via fàcil cap a l'èxit. La família es troba descohesionada, a penes hi ha diàlec entre pares i fills, en les aules els estudiants es llimiten a rebre una formació molt acadèmica pero poc humana i els mijos encoragen la vagància, la corrupció i el vici. Pero les paraules són les armes més potents puix calen en les consciencies de les persones, per això cal que des de les aules, els mijos de comunicació, la societat i sobretot des de la família reforcem la moral, l'ètica i la fe.

El nostre país deu formar bons professionals i millors persones. Cal potenciar la moral, la família, la fidelitat de parella, el dret a nàixer, els drets civils i humans, la democràcia... Es pot fer a través d'assignatures escolars que realment potencien els valors i no es reduïxquen a històries anecdòtiques o a algunes elucubracions inservibles com desgraciadament sol ocórrer en les matèries de Religió i Ètica, que molt a sovint es queden en el simple envoltori i no entren en el fondo de la qüestió. Cal fomentar l'interculturalitat, el respecte a les diferències, l'integració de minories i discapacitats i la facultat de ficar-se en la pell de l'atre. Cal promoure campanyes tant en les aules com en els mijos de comunicació a favor de la llibertat, la família, la caritat, el voluntariat, l'inviolable dret a la vida, etc. Es tracta en definitiva d'infondre uns valors, un civisme, una ètica i una moral als nostres jóvens, d'educar-los be i mostrar que la solidaritat és una qualitat bona. Perque el problema no és que la joventut carixca de referents sino que els que té són quasi tots ells indecents i roïns.

Els mijos de comunicació tenen una influència enorme: no són per casualitat el quart poder. Per tant, es poden usar per a educar i formar grans ciutadans. Els mijos deuen emetre per llei un mínim de films i de programes en continguts humans i ètics en lloc de tants concursos frívols, teleséries grosseres i películes de contingut violent i sexual. Estos programes familiars deurien emetre's en horaris de màxima audiència els dies de la semana que cregueren més oportuns i desterrar de la graella televisiva la degradació humana del telefem. Es tracta també de restar-li importància a gent que no la té (famosos, actors, models, deportistes...) i concedir-la a personalitats rellevants de la cultura i dels valors, donant a conéixer la seua obra, acostant-los als chiquets... Jesús de Nazaret, Mohandas Gandhi, Teresa de Calcuta, Vicent Ferrer, Francesc de Vinatea, Buda, Alexander Fleming, Martin Luther King i un llarc etcétera deuen convertir-se en els nous héroes de la societat, en els referents de la joventut i els eixemples a imitar pels nostres fills.

23)

¡No a l'abort, sí a la vida!

Entenc que la decisió d'abortar no és plat de bon gust i que sol produir-se en circumstàncies molt difícils. Pero entenc també que no hi ha res de progressiste en matar al teu propi fill, que la llibertat d'una mare acaba quan parlem d'eliminar la vida d'una tercera persona (en este cas la del seu fill) i que l'abort és una barbàrie pijor que la guerra o el genocidi, perque en la guerra mates a l'enemic, en el genocidi a un estrany pero en l'abort al teu propi bebé. Cal prohibir l'abort en tots els casos. Inclús en els que puga córrer risc la vida de la mare o del chiquet, perque la funció dels meges és posar tots els mijos per a salvar la vida del pacient, no eliminar-lo. En lloc de donar facilitats per a abortar s'ha de promoure mides que fomenten la natalitat, tot tipo de soport econòmic, sicològic i material. I si una fèmina no pot o no vol quedar-se en el seu fill pel motiu que siga sempre el pot donar a una institució a on li buscaran una família que cuide d'ell. Es tracta de que la societat sancera es bolque en les dònes per a premiar la maternitat i defendre una cultura de la vida.

24)

La família és lo primer.

Hui més que mai fa falta una Llei de Protecció a la Família que reconega la cèlula familiar com l'eix vertebrador de la societat. S'ha de premiar la naixença a través de pagues per tindre fills, facilitats per a conciliar vida familiar i laboral com ara horaris flexibles en els treballs i contractes a temps parcial, també permissos de maternitat i paternitat per a poder cuidar dels bebés. Cal crear una potent xàrcia de guarderies públiques i que les empreses més grans oferixquen un servici de guarderia gratuït per als fills dels seus empleats. Urgix abaratir el preu de la vivenda –el núcleu familiar–, agilisar la burocràcia i els tràmits a l'hora d'adoptar un chiquet, les ajudes econòmiques i socials per a aquelles famílies que siguen monoparentals o que tinguen discapacitats o persones majors al seu càrrec i vincular la sexualitat i l'amor. També podríem dispondre de coleges i instituts oberts més hores i durant més mesos per a fer activitats extraescolars i oferir-ne, a través de la dotació de recursos econòmics, sicològics i materials, un gran ventall d'alternatives a l'abort del fill.

Més mides per a fomentar la vida familiar: cal fer més centres d'acollida per a dònes embarassades i dònes maltractades, centres de planificació familiar que conten en ajudes alternatives a l'abort, permissos per a cuidar de menors greument malalts, incentius fiscals per tindre fills, descontes en els servicis públics (com per eixemple el transport) per a jóvens, controlar els continguts als que tenen accés els menors, tant en la publicitat com en els mijos, construir més guarderies i més residències públiques per als majors, especialment per a aquells que viuen a soles, impulsar un chèc escolar que garantise la llibertat d'elecció d'ideari educatiu per part dels progenitors, reintegrament del cost de la cotisació a la Seguritat Social als empresaris que contracten a pares o mares de família numerosa o de les empleades de la llar contractades per este tipo de famílies per a atendre als chiquets mentres que els progenitors treballen, rebaixes en les guarderies en cas de ser famílies monoparentals o de que treballen els dos pares, ajudes especials a famílies numeroses, etc.

I encara que est aspecte és potser més propi de la sociologia, la cultura nacional o la sicologia que de la política, considere que la Generalitat Valenciana deuria promoure en la mida de lo possible que les famílies valencianes seguiren el patró de conducta o l'eixemple de les famílies de raça negra. Les famílies negres es troben molt més cohesionades, unides i estructurades que les blanques. Per eixemple no es llimiten sols als membres més directes (els progenitors i fills) sino que s'amplia també als indirectes (yayos, tios, cosins, nebots, etc.). Per ad ells és inconcebible que una mare deixe el seu fill al càrrec d'un estrany mentres se'n va a treballar tenint com té a cosins, yayos, tios, etc. O que algú es quede en el carrer per motius econòmics tenint com té un fum de familiars en els qui anar a viure. Caldria deprendre de l'unitat eixemplar de les famílies negres –també les àraps i berebers són molt paregudes en este sentit–, i també recuperar la vella costum dels pobles de sopar en el carrer en estiu i charrar en els veïns. Urgix una societat més humana i de millor cor.

25)

Llei de la vida.

Quan una persona muiga serà obligatori que done tots els òrguens que els meges consideren oportuns. D'alguna forma, quan una persona falta els òrguens d'eixe cadàver passen a ser propietat del país, que els utilisarà per a fer transplants i salvar vides. Hi haurà qui diga que quí és l'Estat per a obligar a algú a açò pero lo ben cert és que un difunt ya no necessita per a res els seus òrguens i per a que se'ls mengen els cucs millor que aprofiten per a salvar-li la vida a algú. D'una atra banda, serà obligatori que les persones entre díhuit i trenta anys d'edat donen sanc com a mínim una volta a l'any. Aixina es paliarà la falta de sanc en les operacions. Per supost, estaran exentes aquelles persones que degut a les seues particulars circumstàncies no resulten adequades per a donar; hemofílics, malalts venéreus, casos de risc per la seua promiscuïtat sexual, etc. Les persones de més de trenta anys podran donar sanc voluntàriament. Estes dos mides van encaminades a estendre la solidaritat entre la població i a crear una consciència de compartir lo nostre en pro de la vida.

26)
El preu de la vivenda.
Per a combatre l'especulació i l'inflació de preus de la vivenda es poden aplicar dos models molt distints entre sí: el socialdemócrata i el lliberaldemócrata. En el model socialdemócrata s'impulsa la construcció de vivendes protegides dirigides a sectors poblacionals de pocs recursos, normalment gent jove. És interessant perque atén a unes necessitats socials evidents pero té els inconvenients de que al tindre preus fixats a sovint el constructor –per a mantindre el marge de beneficis– o be posa materials de pijor calitat o be pressiona al comprador per a que part del pagament siga en diners B. El lliberaldemócrata apunta a que tot el sol deu ser edificable, a excepció de terrenys que per motius ecològics, militars o nacionals, es declaren protegits. És un bon sistema que impedix que els Ajuntaments especulen recalificant terres pero cal vigilar per a que els terrenys queden en mans de molts constructors i no només en les de tres o quatre grans promotors, puix això llimita la competència i encoraja l'especulació. Els models són imperfectes pero se complementen be.

Els models lliberaldemócrata i socialdemócrata es deuen complementar en una política de retallar els intervencionismes. Del total del preu d'una vivenda una part notable se'n va en allò que podríem denominar chupòpters o vampirs; és dir, uns intermediadors que no tenen un atre objectiu que clavar les seues brutes mans en la vivenda per a emportar-se una bon mòs. Des del 6.000 € que s'emporta el regidor baix mà per otorgar els permissos a la firma del Colege d'Arquitectes que val uns atres tants, hi ha multitut de buitres que volen la seua part i que lo únic que fan és disparar el preu final del producte, que repercutirà en última instància en el comprador. Hem d'acabar en tot este corporativisme franquiste i que recaiga un castic feroç i eixemplar sobre els corruptes. Perque més que oferir ajudes o subvencions, de lo que es tracta és de que hi haja unes vivendes de qualitat raonable a un preu que la gent puga pagar. Per una atra banda, cal regular de forma urgent la donació en pagament per a que quan es tornen les claus al banc l'hipoteca es cancele, com en Estats Units.

27)

Més sobre vivenda i urbanisme.

L'edat d'emancipació dels jóvens és cada volta més alta, a pesar de que hi ha moltíssimes vivendes buides, en especial en els centres de les ciutats. Soc partidari de rehabilitar els cascs vells –a sovint en estat ruïnós– i de dotar-los dels servicis dels que solen carir, com per eixemple places de garaig. Un bon mètodo podria ser rehabilitar i reclassificar a Vivenda de Protecció Oficial (VPO) edificis antics de barris històrics. La compra de la primera vivenda –que és la vital– comporta una alta fiscalitat; mentrimentres no es graven les operacions especulatives que protagonisen bona cosa de la realitat immobiliària i que deuen estar subjectes a una revisió de la seua fiscalitat com a mecanisme de control públic. Una atra possibilitat és activar el mercat de lloguer a través de bonificacions fiscals per a llogar –o vendre– cases buides. Sobretot calen juïns ràpits per tal de dirimir els conflictes de lloguer i acabar d'esta manera en l'indefensió jurídica que patix l'arrendador en casos de morositat o de vandalisme de l'arrendat, qui deuria ser expulsat en un màxim de quinze dies.

La calitat de la vivenda és ínfima. Els constructors no posen accessos per a minusvàlits, canvien els materials bons per uns atres que són més barats i roïns, venen com a insonorisats uns pisos en tabics que són del grossor del paper de fumar, els sostres i murs es clavillen... És perentori que el constructor desglosse per escrit i detalladament els materials i les calitats usades i que la Generalitat supervise i controle el procés i garantise la calitat final. D'una atra banda, a l'hora de vendre sol públic cal garantisar un sistema mixt entre la subasta pura d'abans (qui més paga compra el sol encara que més tart no li destine cap fi social) i el concurs actual (a on es valoren les propostes i no únicament la puja pero que ha derivat en una concessió de llicencies a dit als amics del poder). Cal implantar un sistema mixt a on la subasta de sol públic beneficie lo màxim possible al poble. També, si tot el sol és urbanisable deurà planificar-se el creiximent de les ciutats en vint anys d'antelació, com en Estats Units, front a l'urbanisme improvisat, caòtic, anàrquic que patim a dia de hui.

I si una situació és crítica és l'aparcament. El parc automovilístic creix desmesuradament i aparcar és missió impossible. Es tractaria de construir aparcaments subterràneus i blocs d'aparcaments en moltes altures –dèu o més– a on en lloc de pisos per a habitar-ne famílies hi haguera places d'estacionament, les quals deuen oferir un servici temporal i debades. Pel que fa al fenomen gorreta cal erradicar-lo en caràcter d'urgència. Espanya és l'únic Estat d'Europa a on el Govern permet que els drogadictes i els delinqüents extorsionen diners per aparcar als conductors aprofitant-se de la coacció i la por. Finalment, el preu de la vivenda és major en les grans urbs, que és a on hi ha més ocupació. En els últims anys molta gent ha emigrat a les afores i a les ciutats perifèriques. En eixe sentit, el professor Alberto Recarte vol fomentar el transport públic. Es tracta d'acurtar els temps de desplaçament des d'a on se viu fins a on se treballa. Aixina la gent pot viure en pobles a on el preu de la vivenda és inferior sense renunciar a treballar en la capital, a on podria arribar ràpit cada dia.

28)
El Pla de les Ciutats Perdudes.
El poeta i inventor estatunidenc Scott Stanley viu en Arizona, a on la expansió urbanística dels últims anys ha impactat molt negativament en el clima a l'aumentar la temperatura i reforçar encara més l'absència de precipitacions. Està comprovat científicament que aquells barris que viuen prop d'una zona verda (com per eixemple puga ser un parc) conten en una temperatura més fresca que la del restant de la ciutat. I com que no es poden posar parcs en tots els carrers d'una localitat, Stanley propon omplir-ne de vegetació els edificis per mig de cadafals en espais d'irrigació coberts de parres i posar en els terrats una cúpula de reixes en parres també. Tot açò està inspirat en les ciutats de les civilisacions perdudes d'Àsia i Amèrica, que combinaven urbanisme i naturalea. Encara que cal madurar un poc més l'idea, no estaria gens malament posar-ne parres en els terrats de tots els edificis puix s'obtindria una immensa zona verda que purificaria l'aire i reduiria l'excessiu

calfament global que se patix en les grans urbs. Aixina, tota la ciutat seria com un enorme parc.

29)
Distribució poblacional.
No soc partidari de fer del Cap i Casal una megalòpolis a l'estil de Moscou, Londres o Nova York. Millor ser una urbs important pero no superpoblada com Washington, Zúrich, Edimburc o Àmsterdam. Deu primar el creiximent vertical de les ciutats (resolent els problemes de trànsit i d'aparcament que ocasiona en uns bons transports i aparcaments públics) front a l'horisontal que arrasa l'horta, fagocita pobles veïns i expansiona el castellanisme. I sobretot necessitem distribuir els habitants en lloc de concentrar-los massivament en un punt concret. Lo que cal fer és moltes ciutats miges per a que la població estiga molt més repartida, aixina s'eviten les insanes aglomeracions i es descongestiona a les capitals de trànsit, delinqüència i polució. Hui, cada dia més les ciutats menudes i miges conten en tot tipo de servicis per lo que no resulta tan perentori anar-se'n a viure o a comprar a una capital com dècades arrere. El model ideal és el de Països Baixos, que en vora dèsset millons d'habitants té en Àmsterdam –de només 750.000 habitants, menys que Valéncia– la seua ciutat més gran.

30)
Defensa de la moral tradicional.
Es promourà una reforma constitucional que faça referència a les arraïls cristianes de Valéncia. També urgix un artícul en la Constitució Valenciana que reconega i protegixca la vida humana des de la seua concepció fins a la

mort natural. Aixina, es prohibiran abominacions com l'abort; l'us d'embrions i de cèlules mare embrionàries per a investigacions o per a qualsevol atre fi que puga costar-los la vida o menyscabar sa dignitat; la clonació humana; l'eutanàsia o la pena de mort. La possessió d'armes de fòc serà illegal i es permetrà en casos excepcionals. Es promourà la defensa activa de la família i es reconeixerà el matrimoni exclusivament com l'unió d'un home ab una dòna. Es crearan plages familiars i no es permetrà el nudisme, mostrar les mamelles i els tangues. Es declararà illegal la negació de l'Holocaust i se perseguirà per estafadors a bruixots, macs, adivins, tarotistes i similars. Es redactarà una llei que castigue durament la blasfèmia (com de fet també es penalisen les calumnies i les injúries) i en definitiva s'impulsaran les bones costums, els valors i la moral.

31)
Majoria d'edat als catorze anys.
No he entés mai per qué en catorze anys pots casar-te, pots fornicar, pots tindre fills pero no pots votar. Em pareix que una persona en catorze anys és conscient dels seus actes i que en catorze es deu fixar la majoria d'edat. Hi haurà qui pense que no convé això, que és massa jove; pero lo cert és que abans la majoria s'estipulava en vinticinc anys d'edat i que eixa marca ha baixat gradualment fins als díhuit actuals. Això de que u no és madur als catorze no ho compartixc puix la madurea té a vore en l'edat mental d'un ciutadà i no en la seua edat biològica, que és, al final, l'única que figura en els documents oficials. De fet, conec persones de tretze anys en una madurea impròpia de la seua edat i individus de quaranta que semblen chiquets de tan sols dèu. En catorze anys una persona és prou reflexiva i conscient del seus propis actes

com per a poder votar, conduir un automòvil o inclús per a que se li aplique el règim penal propi d'adults en cas de que cometa un crim. Si Jaume I fon coronat Rei d'Aragó en sols sis anys... ¿per qué un chic no pot ser major d'edat en catorze?

32)

Servici social obligatori.

Una de les ventages que tenia l'extint servici militar obligatori era que el seu substitut, la prestació social substitutòria, cobria moltíssimes necessitats que actualment a falta d'interés i de recursos econòmics per part de l'Estat, depenen quasi exclusivament del voluntariat social. A hores d'ara, numeroses biblioteques, oenegés, organisacions de caritat, hospitals, residències, etc., tenen un personal insuficient. Proponc que s'instaure un servici social obligatori, de sis mesos de duració que afectarà a hòmens i dònes d'entre díhuit i vinticinc anys d'edat, i que cobrirà moltes necessitats socials del país. Els universitaris podran demanar pròrrogues per a poder acabar els estudis abans de complir el seu deure cívic. L'Estat Valencià tindrà en conte criteris de proximitat geogràfica a l'hora de repartir les tasques als jóvens. El servici social serà de caràcter obligatori i negar-se a complir-lo serà castigat en la corresponent pena de presó. Llògicament, quedaran exents de complir-lo tots aquells ciutadans que justifiquen unes circumstàncies personals i familiars de cert pes.

33)

Homenage a la democràcia.

Els valencians patírem de modo especialment cruel la Guerra Civil Espanyola (1936-1939), potser perque Valéncia fon la capital de la II República (en 1936 i 1937). El país fon arrasat per les bombes del dictador Francisco Franco, el valencià es prohibí, la repressió, tortures i fusilament dels demócrates foren el pa nostre de cada dia, i la misèria regnant espentà a doscentsmil valencians a emigrar a l'estranger per a aplacar la fam. Es procedirà a realisar un homenage a tots els emigrants valencians que, ab les seues divises i la seua suor, alçaren el país, i a tots aquells valencians que moriren en la guerra o en la posguerra per defendre la democràcia i la llibertat front al totalitarisme. Es construirà un monument en honor ad estos patriotes i se'ls condecorarà en una medalla a tots ells –també a les víctimes valencianes del terrorisme etarra–; un trofeu que, cas de ser pòstum, l'arreplegaran els fills o els nets. Se canviaran les estàtues i noms de carrers que facen referència a qualsevol defensor de qualsevol dictadura del món, siga de dretes, d'esquerres o de qualsevol atre signe.

34)

Homenage al valencianisme.

El Regne de Valéncia patí, com tota l'Europa de l'Edat Mija, la pesta. Hui, els vents porten olor a mort puix dos grans pestes arrasen les nostres terres, la roig-i-groga i la quatribarrada. Són durs els temps que vivim, una era en que Espanya mos utilisa com una moneda de canvi, en que s'educa als nostres fills en el complex d'inferioritat cap a Catalunya i en que defendre lo del veí és ser progressiste i defendre lo de casa és de faches, en que van borrant poc a poc la nostra llengua, història i cultura per a reduir-mos a un simple apèndix d'un atre país. En un futur, es deu constituir un gran i sentit homenage a tots els valencianistes, construint un eximi monument en el seu honor i condecorant en una medalla d'or als més destacats líders i associacions del moviment. Deu instituir-se també un Premi al Patriota Valencià que s'otorgaria al valencià que haja dedicat el seu esforç i talent a glorificar la seua pàtria. Per a qui vol vendre al nostre poble, també hi haurà una condecoració anual: el Premi Judes Iscariot, consistent en un diploma i trenta monedes d'un euro.

35)
La tortura ni és art ni és cultura.

Es prohibiran les corregudes de bous per ser una sanguinolenta matança i una tradició fonamentada en fer patir a un ser viu. Les baralles de gossos, de galls o de qualsevol atre animal, aixina com la tortura i matança d'animals en general, estaran estrictament prohibides i seran penades a un alt nivell. La caça furtiva que posa en perill els nostres ecosistemes i espècies protegides, serà duríssimament perseguida... No es comerciarà en productes fets a base de torturar animals i es sancionarà a Estats com Noruega o Japó, que incomplixen totes les resolucions internacionals sobre la no caça de les ballenes. Es tendirà a esterilisar a les poblacions d'animals abandonats com alternativa al seu actual extermini. Des de les escoles s'educarà als jóvens per a que estos amen als sers animals i vegetals. Es crearà la Carta Valenciana dels drets dels animals i es castigarà en penes de presó molt severes la crueltat en estos sers. Sí que es podrà experimentar en els animals en interés científic o militar. Quan s'haja de sacrificar un animal es farà de la forma més ràpida i indolora possible.

36)

Política municipal.

Hi ha un divorç entre la classe política i el poble. Cal una democràcia més participativa, en uns Ajuntaments oberts on es tinga en conte als ciutadans. Els consistoris deuen regir-se pel principi de subsidiarietat, pel qual les competències que puga assumir una institució més pròxima als ciutadans no deuen ser eixercides per les més distants. Cal assegurar una autonomia financera real dels Ajuntaments, una autèntica distribució de recursos i competències per a que en la mida de lo possible les administracions locals puguen ser autònomes i dependre lo mínim possible de la Generalitat. Els consistoris valencians han de ser més àgils en matèries com urbanisme, servicis públics i activitats. Han de tindre més capacitat de gestió per tal de donar resposta immediata a les demandes dels veïns i del municipi, en estricte compliment de les lleis. Front a la segregació de municipis, s'impulsarà la fusió de pobles pròxims (com Manuel i L'Énova) –com se va fer en França i Gran Bretanya en els 80– per a reduir el gast que comporta mantindre dos Ajuntaments podent tindre u.

Els Ajuntaments deuen tindre un paper clau en la conservació del patrimoni històric, arquitectònic i cultural. El païsage urbà i els edificis singulars són elements identitaris d'un poble. Deu detindre's el procés de desaparició del nostre patrimoni i iniciar plans de conservació i restauració dels edificis i barris significatius pel seu pes històric, simbòlic o cultural. Una bona forma seria confiscar les vivendes no habitades que, per la deixadea manifesta dels propietaris, mostren un deteriorament llamentable, per a restaurar-les abans de que es desmoronen i rehabilitar-les per al seu us. U dels elements més forts de despersonalisació de la societat valenciana és el nom que tenen els nostres carrers. En la mida de lo possible valencianisarem els carrers canviant els noms d'estrangers pels de valencians ilustres. Els noms de carrers, senyals de trànsit i demés indicacions estaran en valencià. Cal millorar els servicis públics, construir polígons d'oci per a la joventut a les afores de les urbs i fomentar la depuració d'aigües, les energies alternatives i la neteja dels rius.

37)
Quadern de queixes.
Famosos són ya els mítics quaderns de queixes de la Revolució Francesa (1789-1799) pels quals el poble de França expressava el seu punt de vista discordant en l'actuació dels seus mandataris. Hui, que cada volta hi ha menys diàlec entre la classe política dirigent i el poble dirigit, cal resucitar els quaderns de queixes. Aixina, el poble faria partícip a la Generalitat el seu malestar i disconformitat per les coses que estan malament. Pero no només estaria per a criticar lo que està mal; també es podrien enviar sugerències, idees, propostes per a millorar, etc. Estos quaderns de queixes deurien ser cuidadosament examinats per les autoritats i d'ells es podria extraure la solució a molts problemes del dia a dia. I per supost serviria per a donar idees a eixos polítics que a sovint per no tindre no tenen ni programa electoral i seria especialment útil per a evitar una brecha entre la classe política i la societat. No es tracta de presentar simples queixes a l'administració –puix això, de fet, ya existix hui–, sino d'establir una autèntica correspondència entre la Generalitat i la gent.

38)
Llei Kvaerum o l'art de dialogar en el poble.

En 1993 Kolbjörn Kvaerum, alcalde de Ringerike –un municipi noruec de 28.000 habitants– pensà que volia tindre un diàlec fluït en els seus conciutadans, que no volia ser u d'eixos alcaldes que s'amaguen en un despaig, que viuen en la seua personal torre de marfil i perden tot contacte en la realitat. Per això decidí que tots els dimecres al migdia, fora la data que fora i fera el clima que fera, estaria assentat en un banc color roig d'una plaça de Hönefoss, capital regional, i tots els ciutadans que vullgueren, podrien acostar-se ad ell per a comentar-li les seues queixes, sugerències, idees, etc. En principi pensà en invitar a la gent a una hora oberta en el seu despaig per a parlar de les coses de la localitat, pero en acabant recapacità i es donà conte de que lo millor seria fer això mateix en la plaça. Ademés pintà de color roig el banc a on ell s'havia d'assentar. El roig és un color ben cridaner que permet que el banc de l'alcalde siga fàcilment localisable –i ademés evita confusions al ser l'únic d'este color en tota la plaça–. Uns atres alcaldes noruecs també han copiat el model.

Ulla Nevestad, l'alcaldesa del veí municipi de Lier, va seguir el seu eixemple, a excepció feta de que ella es movia d'un lloc a un atre, assentant-se en diferents bancs cada semana. Kvaerum també barallà esta opció de canviar de lloc, pero considerà que la plaça de Hönefoss és el lloc ideal per a estar, puix molta gent de Ringerike creua per allí molt a sovint. En 1999, en un intent de descentralisar, consellers del districte Uranienborg-Majorstuen (en Oslo) iniciaren un proyecte prou similar. Tres dies per semana, els habitants poden trobar-se en els polítics del seu barri i mantindre una charrada en el banc. Durant l'hivern, les trobades són dins de la biblioteca local i en estiu en la Plaça Valquíria, el lloc natural per a la gent de la zona. L'èxit ha segut espectacular; a sovint els ciutadans fan coa per tal de parlar en l'alcalde. Cal una llei que faça que els alcaldes estiguen un dia a la semana en un lloc públic –preferiblement un banc de color roig en la plaça major (encara que quan faça mal orage podria ser en algun lloc cobert)– per a atendre, charrar i escoltar a la gent del poble.

39)
El repte cívic de la convivència veïnal i ciutadana.
Hem de portar avant iniciatives socials per a fomentar l'amistat veïnal. El galés Patrick Graharn, per a conéixer als seus veïns, va convertir una immobiliària que es trobava en venda en un "café comunitari no oficial" que era debades per als residents de la zona. Des de llavors rebé moltíssimes visites de veïns, que es passaven a prendre un té i fer societat. I no li costà res puix contà en la colaboració d'una firma local i dels visitants, que li porten paquets de té i café. En Dinamarca estan els proyectes de "coallojament" que són cases comunitàries a on una volta al més és la teua tanda de cuinar una vesprada per als atres. Els residents poden dinar en sa casa si ho preferixen, pero per als dinars comunitaris deuen inscriure's en dos dies d'alvanç com a mínim, i pagar pel dinar més tart, quan els cuiners han dividit el cost pel número de comensals. En Valéncia disponem d'una costum molt tradicional que, encara que decadent, perdura en els pobles i que caldria reforçar; que és la de sopar en el carrer en estiu, aprofitant aixina per a fer barret i conéixer més als veïns.

40)

Acabar en els accidents de trànsit.

Dèu mides per a reduir la sinistralitat vial: 1) Usar el carnet per punts que suma o resta als conductors depenent del seu us. 2) Que totes les carreteres siguen almenys de doble carril (per a evitar accidents en els alvançaments). 3) En lloc de reduir la velocitat de l'auto lo que deuen fer els fabricants és reforçar-los més i tornar als coches "tipo tanc" d'abans, més sòlits. 4) Acabar en les jornades maratonianes de camioners i conductors professionals per a evitar dormir-se al volant. 5) Impartir Educació Vial en l'escola. 6) Per a obtindre el carnet serà obligatori visitar hospitals i conéixer a pacients comatosos i tetraplègics que ho són arraïl d'un accident. 7) Campanyes publicitàries on es ridiculise l'actitut estúpida de conduir ràpit o begut. 8) Per als jóvens també es poden construir polígons d'oci (en discoteques, cines, bars...) a les afores dels pobles a on puguen desplaçar-se a peu per una zona de marcha. 9) Ficar robots en les autopistes que fotografien i multen d'immediat a qui sobrepasse la velocitat permesa. 10) Fomentar sancions dures i la retirada del carnet.

41)

L'injustícia de la justícia.

La justícia valenciana és nefasta, lenta, obsoleta i es preocupa més pel benestar i els drets del delinqüent que pels de la víctima i conta en sancions econòmiques i privatives de llibertat que són irrisòries, sino és que deriven en l'impunitat directament. Calen canvis urgents, com un enduriment general de les condenes per a dissuadir a potencials criminals, de tal modo que no s'atrevixquen a cometre cap delit, i un mirament cap a microdelinqüents no reincidents, que faran treball social en lloc de pagar en multa o presó. La justícia deu poder intervindre, si troba fonaments, abans de que es produïxca un delit i no sols quan s'ha fet. Per eixemple, si un terroriste anuncia que no es presentarà en el jujat en la data convinguda. Els juïns en jurat deuen passar a l'història puix els jurats són molt manipulables per la prensa i no saben de lleis. U dels càncers més sagnants que patix la justícia és la seua extremada politisació. Els juges deurien accedir al seu càrrec per mig d'oposicions netes i transparents o ser votats democràticament pel poble, com ocorre en els Estats Units, pero mai triats a dit.

La justícia valenciana ha de ser això, valenciana, i no subsidiària de l'espanyola. L'Estat Lliure Associat de Valéncia deu contar en una justícia pròpia, distinta de l'espanyola, fonamentada en la llegislació valenciana i en la recuperació dels Furs. El dret castellà es substituirà poc a poc pel dret foral valencià, en una necessitat clara de recuperar-lo i actualisar-lo. L'Estat Valencià tindrà plenes competències sobre matèria llegislativa, judicial i penitenciària en el país, aixina com del registre civil, notarial i mercantil ademés de la capacitat d'indult. El Tribunal Superior de Justícia de Valéncia i el Tribunal Constitucional Valencià seran els màxims òrguens competents al territori nacional. Es reforçaran –i crearan– les institucions que calga per tal de garantisar la total independència llegislativa i judicial de Valéncia en respecte a Espanya, com ara el Consell Jurídic Consultiu de Valéncia o el Consell General del Poder Judicial Valencià, entre unes atres. S'otorgaran nous poders al Defensor del Poble valencià per a que este deixe de ser una figura decorativa i poc útil.

Una bona fòrmula per a agilisar la Justícia pot ser crear organismes mediadors per a resoldre extrajudicialment els casos més insignificants. Per a això deurà haver un servici d'atenció ciutadana que assessorarà be a la gent, tant per a mampendre la via judicial com la mediadora; en cada jujat i en cada seu del Colege d'Advocats un grup de lletrats disposts a orientar debades als ciutadans que els demanen consell. Es redactarà una Carta de drets i d'obligacions dels ciutadans davant la justícia valenciana i es repartirà debades una en cada llar. Es crearà un Tribunal Anticorrupció Valencià i reforçaran les figures existents com el Síndic de Contes. Els juïns es faran en llengua valenciana, sense perjuí de que la part que ho desige, s'expresse en castellà. Ademés tots els funcionaris i càrrecs de justícia deuran dominar obligatòriament l'idioma valencià. Cal reforçar la llengua en el registre civil, l'emissió de certificats i documents, etcétera. Al remat, cal un impuls polític, econòmic i social per a que la justícia recupere el prestigi i la reputació que no té a dia de hui.

42)

Castigar al llop i protegir a l'ovella (i no al revés).

El Regne de Valéncia s'ha convertit en el parc temàtic de la criminalitat a on els delinqüents actuen en total impunitat front a unes víctimes que tenen por de denunciar i una policia que cada dia més tanca els ulls o mira cap a un atre lloc. Les penes deuen anar orientades no tant a la reintegració del presoner en la societat, com de la protecció de la víctima. La Justícia deu aportar penes eixemplars que facen que els criminals s'ho pensen dos voltes abans de cometre un crim perque està molt be arrepenedir-se d'haver comés un crim pero millor encara està no arribar a cometre'l. Molta mà dura: només aixina l'índex de delinqüència descendirà i l'orde, la tranquilitat i la pau social podran regnar en els carrers. Les penes deuen tindre no tant un caràcter reparador del mal comés com un paper preventiu que impedixca que eixe mal s'arribe a cometre. Els que deuen tindre por són els delinqüents i no les persones inocents. Les penes s'han de complir de forma íntegra, cal eliminar els permissos i les reduccions de pena. Com en la salut, també ací és millor previndre que curar.

No s'acceptarà la pena de mort en cap cas, pero sí la cadena perpètua per als crims més greus. Concretament, per a tres casos. 1) Casos greus de corrupció (frau a Facenda, malversació de cabals públics, etc.). 2) Crim organisat (dictadures, colp d'Estat, terrorisme, genocidi, crims de guerra, tràfic d'òrguens, persones, armes, drogues, etc.). 3) Individus que per sa tara mental no poden arrepenedir-se ni conseqüentment reinsertar-se en la societat (sicópates, pedòfils...). Al remat, cal aplicar mà de ferro per a esclafar no sols el crim comú sino també l'organisat sense oblidar-me del de guant blanc. A partir dels catorze anys, les sancions i condenes deuen ser equivalents a les dels majors d'edat. No ad este seudohumanisme que otorga una impunitat efectiva als menors. Lo que no pot tolerar-se que un chic de quinze anys puga violar, matar i cremar a una chica i no li ocórrega pràcticament res. Si és lo suficientment adult per a matar, que siga prou adult per també a afrontar les conseqüències dels seus actes. Fan falta penes tan dures que la gent no s'atrevixca a cometre cap delit.

43)
Mà dura contra la corrupció.
Se crearà la Fiscalia Valenciana Anticorrupció. Es farà la Llei de Responsabilitat Electoral, que inhabilitarà de la política de per vida als mandataris que, una volta en el

Govern, no complixquen les promeses del programa electoral. També una Llei Anticorrupció inhabilitarà de per vida de la funció pública a polítics, juges o funcionaris que siguen corruptes. Es controlarà als càrrecs electes i cóm gasten els diners per eixemple en viages institucionals. S'enduriran molt les sancions econòmiques i les carcelàries contra tots els corruptes, que hauran de tornar els diners i que en cap cas contaran en permissos o rebaixes en la seua pena. A partir d'un milló d'euros defraudat o no declarat, un ciutadà serà punit en la cadena perpètua. Es publicarà una Llei contra l'Immoralitat Política, la qual eliminarà les prebendes que ostenten alguns polítics i impedirà que ells puguen posar-se el sòu que vullguen o pujar-se'l a plaer (el seu salari creixerà en relació al cost de la vida). Tots els polítics valencians deuran publicar el seu patrimoni de forma anual.

44)
Blindar l'Estat del Benestar.
La Seguritat Social deu posar un pla específic destinat a combatre l'economia sumergida, a generar llocs de treball i a prendre cauteles per a que les cotisacions a la Seguritat Social es facen en base a rendes reals i no fictícies. L'Estat Valencià deu assegurar-se de que jubilats, pensionistes, dependents i el restant de colectius necessitats no perguen el seu poder adquisitiu. Pel que fa a ajudes de l'estil de bonobús i uns atres descontes en servicis públics deuen otorgar-se per criteris de renda i no per edat, ya que potser pot necessitar-ho més un home recent divorciat que el fill d'un burgués, qui es beneficia sols per ser jove. Els menors deuen rebre especial protecció, sobretot front a maltractaments, abusos, la pederàstia i la pornografia infantil. Per a la tercera edat, calen fortes inversions per a atendre una població cada volta

més vella; aumentar el número d'hospitals, ambulatoris i residències... És imprescindible incloure en els Furs un artícul que blinde l'Estat del Benestar i prohibixca privatisar la titularitat i la gestió de la sanitat, educació i les pensions del país.

Pel que fa als discapacitats hi ha quatre cavalls de batalla. El primer, l'independència econòmica. Calen bonificacions fiscals per a que els empresaris els contracten indefinidament i per a que la família en un discapacitat al seu càrrec tinga garantisat el seu poder adquisitiu, pagues per invalidea, pensions no contributives per minusvalidea, ajudes a la dependència i adaptar l'educació a les necessitats dels discapacitats. El segon és eliminar barreres arquitectòniques. Cal rebaixar les vores per als qui van en cadira de rodes (el del bebé, el de la compra...), adaptar espais i edificis públics en rampes i ascensors, reservar la primera fila en les aules, crear alarmes lluminoses que avisen de la fi de la classe, construir hotels accessibles i adaptats.... El tercer aspecte és el de les barreres socials, per a lo qual es deuen efectuar campanyes de sensibilisació. I l'últim cavall de batalla és assegurar les correctes atencions sanitàries: treballadors socials, fisioterapeutes, sicòlecs, rehabilitació, deport adaptat, pisos tutelats, educació i informació per a les famílies, etc.

45)

Sanitat o La salut és un dret elemental, no un negoci.

En els últims anys l'ultradreta neolliberal ha deixat d'injectar recursos intencionadament en la sanitat pública per a afonar-la en l'objectiu de poder sumir-la en un caos absolut en el futur i poder demostrar "que lo públic no funciona i que l'única solució és privatisar". Al poble valencià li cal una sanitat valenciana que siga pública, gratuïta i de calitat. S'ha d'anular com siga eixe procés de privatisació de la gestió dels centres públics que se traduïx en que si hi ha beneficis són per a l'empresa i si hi ha pèrdues són per al poble. Cal construir molts més hospitals, ambulatoris i centres de salut públics i reclamar a Europa més fondos per a atendre als turistes i jubilats europeus que usen la nostra sanitat cada any. D'igual modo s'ha de valorar als nostres professionals sanitaris; no és de rebut que a tot un senyor mege li paguen com a un agranador o que importem professionals barats d'Amèrica Llatina de dubtosa preparació quan el 20% de doctors i enfermeres valencians han emigrat a uns atres Estats d'Europa perque en la seua terra només els oferirien un contracte fem.

Per a combatre la lentitut de les llistes d'espera, s'establirà un sistema de temps màxim d'espera (per eixemple tres mesos) per a intervencions quirúrgiques, exploracions i consultes d'especialiste. Si s'incomplix el determini el pacient podrà dirigir-se a qualsevol centre sanitari (públic o privat) i l'administració correrà en les despeses. Cada pacient tindrà dret a triar qualsevol mege del sistema públic per a que l'atenga, encara que este es trobe a l'atra punta del país. S'ampliarà la cobertura pública en els camps als que ara no arriba del tot: salut bucodental, anestèsia epidural, cirugia ocular per làser, audífons, atenció a domicili... Per a controlar el gast farmacèutic es fomentarà l'us de genèrics i el ciutadà pagarà les medicines de primeres, encara que més tart l'Estat li reembosse el preu. Cadascú podrà obrir lliurement una farmàcia a on vullga. Com en Alemanya, s'ensenyarà en les Universitats també la medicina alternativa i la natural. S'impulsarà la formació, experimentació, investigació i el desenroll de la ciència i la salut.

46)

La guerra contra el tabac.

La llibertat d'una persona acaba a on comença la d'una atra i per tant un no fumador no té per qué inhalar els fums del fumador. Deu estar terminantment prohibit fumar en tots els llocs públics (a excepció dels que estiguen a l'aire lliure) i el consum del tabac deu quedar estrictament en l'esfera de lo privat. Pel contrari, s'oferiran tractaments mèdics i sicològics per a que, qui vullga, deixe els cigarrets. Pel que fa a les empreses tabaqueres es gravarà el tabac en un impost especial que anirà a garantisar uns fondos a la Seguritat Social per a que esta puga costejar les despeses ocasionades per les malalties del tabac. Es prohibirà la publicitat d'esta droga llegal. I en les películes i teleséries que s'emeten en la menuda o gran pantalla, els actors no fumaran per a no ser un mal eixemple per a la joventut. Per últim, pero no per això menys important, es retiraran els aditius químics als cigarrets i puros per a que tots estos productes resulten més naturals i per extensió menys adictius i no tan perjudicials per a la salut. Cal passar de la cultura del vici a la vida sana.

47)

La dòna: entre l'indefensió i l'igualtat.

L'Administració deu escudar a la dòna front a pràctiques brutals com les violacions, abusos sexuals, els maltractaments, la pornografia infantil, la prostitució, la lapidació, l'ablació del clítoris, el llançament d'àcit en la cara i unes atres bestialitats. S'endurirà la llei per a castigar la pesta de la violència domèstica, pero les falses denúncies també comportaran la presó. La Generalitat deu arribar a acorts en l'empresariat per a fomentar la contractació i la promoció de la dòna en el món laboral ab incentius fiscals i econòmics que facen atractiva l'incorporació d'una fèmina per a rebaixar la desocupació femenina. Cal una igualtat real de sexes en drets i obligacions. Cal protegir molt més a la dòna front a la violència i a l'home front a les ruptures. La custòdia compartida, la separació de bens, l'igualament en gravetat de l'incompliment del règim de visites i de la negació la manutenció o el repartiment al 50% de les tasques domèstiques són gestes socials encara no conquistades. Cal prohibir la discriminació salarial i laboral, i la publicitat sexista, i per contra educar en l'igualtat dels sexes.

48)

Immigració o L'invasió que ve.

L'immigració salvage que hem patit en els últims anys mos ha portat una llau de delinqüents, d'illegals que posen en risc el sistema de salut i de benestar, d'odi cap al valencià, de mentalitats d'automarginació i tercermundisme. Ací no poden vindre a viure cinccents millons d'americans, cinccents millons d'africans i mil millons de chinencs. No tenim treball ni tan sols espai físic per a tots. Per lo que deu començar a fer-se és polítiques d'immigració restrictives que facen un "efecte muralla". En Canadà puntuen als que aspiren a residents segons el seu currículum, nivell d'estudis i domini de l'anglés; en França seleccionen estrangers i posen quotes; en Alemanya i Holanda els obliguen a deprendre l'idioma i la cultura si volen la residència i en Suïssa expulsen sense miraments als illegals. Cal retallar els privilegis en sanitat i ajudes socials dels nouvinguts. Els forasters deuen adaptar-se a mosatros i no al revés; en especial pel que fa al valencià. I més que acollir un número infinit de gent cal promoure el desenroll dels països d'orige, per a que els seus habitants puguen treballar i viure allí.

Josué Ferrer

ECONOMIA

"Moltes persones veuen a l'empresari com el llop que cal abatre. Molts atres el veuen com a la vaca a la que cal esprémer. Pero molts pocs el miren com al cavall que tira del carro".
Winston Churchill (primer ministre de la Gran Bretanya).

49)
El mit dels països rics.

L'economia deuria ser una ciència basada en la llògica i la racionalitat. Desgraciadament en este sector hi ha massa mits i falses creences com aquella de que baixar els tipos d'interés deu ser forçosament sinònim de reactivació del consum quan el creiximent deuria donar-se en l'economia real i no en la monetària (ahí està el Japó estancat més d'una dècada i en deflació ab uns tipos del 0%) o que hi ha una "mà invisible" que ajusta la llei de l'oferta i la demanda (una tesis lliberal que veu el mercat com si fora una cosa simple i aliena als especuladors i obscurantismes). Un atre erro és creure que simplement per baixar els imposts es creen automàticament llocs de treball (pero Bolívia els té molt baixos i té molta desocupació); això és ignorar que hi ha uns atres factors que influïxen, com el deute extern, la corrupció, el grau d'estabilitat política, la seguritat jurídica... O que l'endeutament públic és sempre roïn per al creiximent econòmic, quan en ocasions puntuals pot resultar necessari per a reactivar l'economia, per eixemple ab un pla d'obres públiques en un país.

Pero potser el mit més estés és el de que un país és ric per tindre recursos naturals. I això és fals perque Aràbia Saudita és una monarquia feudal a pesar de contar en la major reserva de petròleu del món mentres que Japó, sense matèria prima, és la segona economia del planeta. En Espanya –u dels Estats més grans d'Europa i molt ric en l'indústria turística– el sòu és molt inferior al de la menuda Islàndia, a on l'únic recurs natural és la peixca. I en Israel són capaços de cultivar cítrics en mig del desert mentres que en Argentina la població es mor de fam a pesar de tindre la millor ramaderia del món. L'autèntica prosperitat d'una nació passa per invertir en democràcia, estabilitat, pau, seguritat jurídica, justícia, drets humans, lliure comerç, inteligència... Perque la grandea d'un país no es medix pel seu número de quilómetros quadrats sino pel talent dels seus genis, per l'honradea dels seus governants i pel patriotisme del seu poble. En la mida en que els valencians invertim en estos valors intangibles podrem realment prosperar fins ser de nou un eixemple per al món.

50)
Neolliberalisme versus keynesianisme.
L'economiste que més en boga està en els nostres dies és Adam Smith, pare del lliberalisme econòmic. Segons Smith, la producció i l'intercanvi de bens aumenta, i per tant, també s'eleva el nivell el vida de la població, si l'empresari privat, tant industrial com comercial, pot actuar en llibertat per mig d'una regulació i un control governamental mínims. Smith defenia el no intervencionisme de l'Estat ya que l'economia s'autorregula ella sola a través d'una "mà invisible" que al final sempre acaba ajustant les necessitats dels compradors en la dels venedors en un equilibri beneficiós per a tots. Les teories smithianes, no obstant, foren àmpliament superades per les de la socialisació de la riquea de Claude Henri de Rouvroy, conte de Saint-Simon. També pel Nobel Joseph

Stiglitz, que denuncia que l'economia resulta massa complexa, obscurantista i poc transparent com per a que s'autorregule sola i que més que una "mà invisible" són els "apretons de mans invisibles" d'uns pocs poderosos els que de veritat determinen les directrius de lo que toca fer i lo que no.

L'atre model és el de l'economiste John Maynard Keynes, que aposta per l'intervenció de l'Estat en l'economia. Abans d'ell, es pensava que en temps de recessió la gent aforrava a causa de l'incertea i que el frut d'eixe aforro seria baixar els tipos d'interés; lo qual aumentaria una inversió empresarial que dinamisaria l'economia. Pero les decisions d'aforro les prenen els individus en funció dels ingressos, i les d'inversió els empresaris en funció de les seues expectatives. Per lo tant, aforro i inversió no tenen per qué coincidir. Per això Keynes va propondre que en temps de recessions siga l'Estat qui –a falta d'inversions privades– s'encarregue de tirar del carro a través de tot tipo d'obres públiques; lo qual dotaria d'infraestructures al país, generaria nous llocs de treball i dinamisaria l'economia. Ara be, es tracta d'una estratègia que no es podria allargar massa en el temps ya que genera un elevadíssim deute públic que a la llarga pot hipotecar el futur d'una nació. Pero de totes formes, l'idea clau de que l'iniciativa pública i la privada deuen complementar-se ya estava ahí.

51)
Economia dual (pública + privada).
El professor Joseph Stiglitz, Premi Nobel d'Economia de 2001 i assessor del president dels Estats Units, Bill Clinton, tilda als neolliberals de "bolchevics del mercat" i vaticina ademés que un sistema econòmic com el neolliberal és, en

térmens econòmics, una aberració que no pot durar massa. En poc de temps hem passat de la dictadura del proletariat a la dictadura de l'empresariat, hem passat d'un sistema econòmic tan aberrant i extrem com el comunisme a on tota l'economia estava planificada per l'Estat i a on l'iniciativa privada quedava exclosa ad un atre no menys execrable i radical com el neolliberalisme, que pretén excloure als Governs, dinamitar l'Estat del Benestar, espoliar les nacions i fer de les multinacionals les ames incontestables del planeta. Pretendre regular poc o res conduïx a que hi haja empreses que exploten a chiquets del Tercer Món en vergonyants règims d'esclavitut; mos porta a que els chicotets i mijans comerços, els ciutadans d'a peu i inclús els propis Estats, queden inermes front a la codícia desmesurada de buitres en fam.

El no intervencionisme dels Estats, irresponsable abandonament de funcions, ha deixat el camí lliure als neolliberals, la codícia dels quals ha dut la crisis mundial de 2008, la més profunda i greu des del crac de 1929. Sense pretendre arribar a uns més que fracassats models comunistes a on l'Estat ho planifica tot i no hi ha cabuda per als mamprenedors, un Estat no pot deixar de regular puix abocarà a la debacle a un país. Un Govern mai deu cometre ingerències que impedixquen als empresaris desenrollar correctament els seus negocis en una economia de lliure mercat, pero tampoc deu desentendre's de necessitats socials de la gent que pot ser que no són cobertes de forma suficient per l'iniciativa privada o que en un moment donat convé més que siga l'Estat qui s'encarregue d'elles pel seu interés nacional o públic. Yo crec fermament en el capitalisme i en el lliure comerç pero també en que el mercat no ho resol tot i que cal una estricta regulació de l'Estat. Necessitem una economia dual, que sume les forces de l'Estat i les empreses, per a dur a la nació avant.

52)

Superàvit i creiximent sostenible.

Ni és bo que una família s'endeute tots les mesos ni que una administració ho faça tots els anys, puix a llarc determini es genera un deute de tal magnitut que resulta pràcticament impossible de cancelar. Sempre que siga possible, un Estat deu buscar no el dèficit zero, que comporta ingressar i gastar igual, sino el superavit. Esta és la forma en que de veritat se fan riques les nacions i prosperen les economies de tots els ciutadans d'a peu. Ara be, el superàvit no es pot conquistar de qualsevol manera. No es tracta de desmantellar el sistema del benestar ni d'empobrir en el retall de servicis socials a ciutadans que de per sí conten en ingressos exigus. Perque el més important capital de que dispon una nació és el seu capital humà. Els socialcomunistes són especialistes en disparar el deute públic i en ofegar a les empreses ab imposts. Els populars s'han caracterisat per privatisar l'Estat del Benestar i dilapidar millons en obres faraòniques. El creiximent sostenible només es pot conseguir d'una forma: ingressant més i gastant menys. ¿Cóm es fa això? Seguint quatre punts clau:

1) <u>Competitivitat.</u> El creiximent econòmic dels últims anys és fictici puix està basat en el consum i la construcció i no, com deuria ser, en inversió i exportacions, per lo que la nostra productivitat no aumenta sino que baixa. Cal apostar per l'educació, els incentius fiscals i l'investigació científica per a millorar la nostra productivitat i tindre un creiximent real. 2) <u>Inversions.</u> La Generalitat deu procedir a un ambiciós pla que mos dote d'infraestructures que modernisen

a la nació. Impulsarà una política fiscal atractiva per a captar inversions d'empreses estrangeres. <u>3) Optimisar els recursos.</u> Es pot retallar de l'erari públic: monarquia, organisacions religioses i oenegés, organisacions empresarials i sindicats, vividors a l'estil d'Eliseu Climent o de la SGAE, assessors i alts càrrecs de les distintes administracions, parcs temàtics, etc. <u>4) Ingressar més.</u> Es combatrà l'economia sumergida, el blanqueig de capitals i l'evasió fiscal, es reduirà el calendari festiu i s'aplicarà el Pla de l'Hora Extra, que supondrà una sucosa font d'ingressos per a les arques públiques del nostre endeutat país.

53)
El Pla de l'Hora Extra.

El de l'Hora Extra és un pla concebut per a fer realitat la plena ocupació, un desenroll sostenible i un país en expansió. El pla consistiria en lo següent: tots els empleats valencians –públics i privats– treballaran una hora més al dia. Quan dic tots vullc dir tots, des del president de la Generalitat fins a l'últim dels agranadors de la pàtria. Els emoluments d'eixa hora adicional no els cobrarà ningú sino que aniran a parar a les arques de l'Estat Valencià. En tots els diners recaptats es traçarà un ambiciós pla econòmic que fomentarà l'ocupació, la ciència i el retorn del deute. Els diners es dividiran en tres grans partides. La primera; el 10% de lo colectat serà per a fomentar l'investigació científica (per a Investigació més Desenroll (I+D), evitar la fuga de cervells i fer de València un referent científic mundial). La segona, un 20% del total, serà un "comodí" (estos fondos es destinarien sobretot a retornar el deute extern, encara que també es podien usar per a aforro, per a actuar front a un imprevist, per a completar determinades partides econòmiques en les infraestructures, etc.).

Tercera, el 70% restant dels diners colectats es destinarà a construir empreses de titularitat pública que crearan llocs de treball de cara a fer realitat la plena ocupació; incrementaran el Producte Interior Brut (PIB) de Valéncia i dinamisaran l'economia de les zones més deprimides (que és a on deurien instalar-se majoritàriament). ¿I de qué serien estes empreses? Puix bàsicament d'aquells sectors dels que tingam més carències. Hem de pensar: "¿Qué és lo que vol ara el mercat?". Açò. Puix açò cal produir (si podem). Evidentment, no podem oferir tots els bens i servicis perque hi ha molts dels que se carix. És palés que Noruega no pot contar en un turisme de sol i plaja o que Valéncia no té petròleu que vendre. Hi ha coses que o les tens o no les tens. Pero l'immensa majoria de productes, bens i servicis sí que poden oferir-se. Perque lo pijor que pot ocórrer a una nació és centrar-se en fabricar únicament un producte A ya que quan el mercat demande un producte B i no el tinga, ho passarà malament. El futur passà per l'alta tecnologia i productes d'alt valor afegit.

Diversificar l'economia. Construir una série de factories de titularitat pública que d'una banda cobriran els buits que no tapen empreses privades i d'atra produiran lo que demande el mercat en cada instant. És dir, hi ha bens i servicis en els quals Valéncia té una oferta rica (agricultura, turisme, automòvils, ceràmica, joguets, calcer, textil...). Per tant no cal que l'Estat Valencià invertixca ací, que de tot açò ya anem servits. Pero hi ha moltíssimes coses de les no tenim producció pròpia (o és molt escassa) i per tant cal importar-les. Parle d'indústria pesada, química, electrònica, d'alta tecnologia, telecomunicacions, etc. En camps com estos l'Estat Valencià pot construir factories públiques. Aixina, la Generalitat llunt de competir en les empreses privades valencianes, tan sols ompliria els buits que no cobrixen o que no cobrixen prou. Els treballadors no serien funcionaris sino contractats pel seu currículum i en salaris a preu de mercat. En un futur se podrien privatisar les empreses pero procurant que el centre de decisió, producció i tributació permaneixca dins del país.

54)
Règim fiscal a la quebequesa.
"Mosatros, poble de Quebec, asseverem la nostra voluntat d'estar en possessió de la plenitut dels nostres poders d'Estat; votar totes les nostres lleis, percebre tots els nostres imposts, firmar tots els nostres tractats i eixercir la competència màxima, la de dissenyar i tindre el domini exclusiu de la nostra llei fonamental". Tan contundents paraules les trobem en el Preàmbul del Proyecte de llei sobre el pervindre del Quebec de l'any 1995. Inspirat per esta declaració, afirme que en Valéncia cal un règim fiscal com el reivindicat pel nacionalisme quebequés. Proponem un règim fiscal inspirat en la foralitat navarresa ab una administració tributària pròpia que no depenga de Madrit i a on el 100% dels diners dels nostres imposts es recapten i es queden dins de Valéncia. Els nostres diners deuen permanéixer i reinvertir-se tots ells dins de la nostra terra. Cap euro deu escapar al restant de l'Estat. Pagarem la part proporcional en concepte de competències estatals comunes, com per eixemple la defensa, en la condició de que es reinvertixquen proporcionalment eixos diners ací.

55)
Política fiscal: l'eixemple de Utah i Irlanda.
Entre el model socialdemócrata dels països escandinaus (pagar molts imposts i tindre grans prestacions socials) i el lliberaldemócrata dels anglosaxons (pagar poc per a atraure inversions, multiplicar l'activitat econòmica i la recaptació) em quede en el segon. Soc un ferm partidari d'una política fiscal d'imposts baixos per a que les empreses disponguen de fondos per a poder reinvertir en els seus negocis i aixina generar nous llocs de treball, i també per a que els ciutadans conten en diners en la bojaca per a consumir. És el model de Utah, que li ha permés competir econòmicament de tu a tu en Estats molt més grans i poblats com Califòrnia o Nova York. És el model del "milacre econòmic irlandés": en qüestió de pocs anys Irlanda ha doblat el seu PIB, en un ritme de creiximent anual quatre voltes superior al d'Espanya i huit voltes superior al de la UE. L'èxit es basa en una pressió fiscal baixa que atrau inversors, l'excelència en l'educació i l'aposta per la diversificació, l'especialisació i la tecnologia per a competir contra la mà d'obra superbarata del Tercer Món.

56)
La veu de l'empresariat valencià.
La Confederació Empresarial Valenciana (CEV) existix des de 1977. Es constituí en l'objectiu de fomentar l'iniciativa privada, velar pels interessos empresarials i fomentar la colaboració i la solidaritat entre els sectors pero no ha sabut superar els vells provincialismes de l'estil d'Alacant contra Valéncia i Castelló pel mig. La falta d'unió dels empresaris ha supost un rosari d'inversions perdudes: el retràs del TAV i de l'Aeroport de Castelló, la derogació del

transvasament de l'Ebre, la falta d'inversió en el Port de Valéncia, l'oblit del Parc Industrial Sagunt i del Parc Central del Cap i Casal, etcétera. Al remat, els empresaris valencians deuen pensar en ser això, valencians, i no simples subalterns d'uns atres empresaris de fòra, madrilenys i catalans. Caldria superar divisions estèrils i invertir en partits polítics i mijos de comunicació d'estricta obediència valenciana per a ajudar a vertebrar la nostra pàtria en lloc de resignar-se a que uns atres l'usen com a moneda de canvi. Si els empresaris valencians feren una política nacionalista com fa la burguesia vasca o catalana, de segur que guanyarien molt més.

57)
Indústria i Comerç.
Els Estats més rics del món són aquells que major nivell d'indústria tenen. Cal una transformació que faça de Valéncia un Estat superindustrialisat a l'estil d'Alemanya o Japó. Tindríem una riquea basada en l'inversió i les exportacions que inundaria en els seus productes als atres Estats de l'Unió Europea (UE) i del món. Com que les comarques costeres viuen be del turisme, l'agricultura i els servicis, les noves indústries deurien instalar-se en les comarques del interior –per a revitalisar-les econòmica i demogràficament– i també en Sagunt, que deu ser el parc industrial més gran de la UE. El creiximent vindrà acompanyat no sols de l'iniciativa privada sino també de la pública, tal i com se feu en Japó i els tigres asiàtics a on hi hagué una forta involucració de l'Estat en la vida econòmica. I encara que tenim una economia prou diversificada –front al monocultiu industrial de per eixemple Euskadi– l'assignatura pendent és invertir en I+D. La Generalitat deu apostar primerament per les

indústries valencianes, per eixemple en l'adjudicació de concursos d'obra pública.

Cal promoure la competència i crear una societat de lliure mercat, perque en Valéncia hem passat de monopolis públics a privats: hi ha molts servicis que només són prestats per una sola empresa privada (o en el millor dels casos oligopolis). Cal incentivar la creació d'empreses agilisant la burocràcia en un "document únic" que incloga tots els tràmits o realisant de forma íntegra totes les gestions en qualsevol de les Cambres de Comerç, sense necessitat de desplaçar-se a cap atre lloc. Cal prestigiar més la nostra image de marca i les denominacions d'orige; protegir a chicotetes i menudes empreses que tanta ocupació generen; i als chicotets comerciants front a la política agressiva de les grans superfícies comercials; equiparar la protecció social entre autònoms i assalariats; estimular la contractació laboral indefinida front a la temporal i la precària; i crear una autèntica cultura empresarial com la d'Estats Units a on ser un mamprenedor estiga molt ben vist i a on des de les Universitats es fomente montar un negoci propi en lloc de voler ser funcionari com passa ara.

58)

La guerra dels horaris comercials.

Si es lliberalisaren els horaris comercials per a treballar en dumenges i festius de primeres aumentaria l'oferta, el consum i s'ampliaria l'horari disponible per a que els ciutadans aprofiten els fins de semana per a consumir. Pero a la llarga això podria dur el tancament de moltes botigues i comerços que no poden competir contra les grans superfícies, en lo qual moriria bona cosa del teixit empresarial valencià en benefici de l'oligopoli de les multinacionals estrangeres. Ademés resultaria perjudicial per al treballador que voria minvat el seu descans i no obtindria rèdits econòmics (en lloc de pagar-li les hores extres com toca per laborar un dumenge lo més provable és que li donaren entre semana un dia de descans per a compensar). I seria letal per a la vida familiar, deportiva, cultural o religiosa. La gent té dret al descans, a tindre un esplai i un moment per al desenroll personal, humà, espiritual, familiar i com no, per a fruir de l'oci. I ara, deixant ya les qüestions econòmiques a banda, em pregunte: Si Deu va descansar al sèptim dia ¿els valencians per qué no?

59)
Consumir sempre productes valencians.
Cal un compromís polític, cívic i patriòtic de tots per a promoure l'economia valenciana. A l'hora de comprar, cal mirar a on s'ha fabricat el producte i emportar-mos u fet entre el Sénia i el Segura perque si comprem productes valencians estem creant llocs de treball en Valéncia pero si comprem coses de fòra creem treball fòra. Sense perjuí de la llibertat d'elecció final que per supost té el consumidor, crec que en supermercats i grans superfícies deuria haver un cartell ben visible que indicara quins són els productes autòctons. Soc partidari ademés de potenciar les denominacions d'orige no sols locals (Xixona, La Ribera, Alacant...) sino també especialment una denominació nacional (Regne de Valéncia). Deu fer-se lo impossible per obrir noves oportunitats de negoci, conquistar nous mercats i multiplicar les exportacions. I per ad això s'ha d'impulsar una image de calitat, prestigi i reputació vinculada a Valéncia i als productes valencians perque a dia de hui França o Itàlia

oferixen alguns productes d'inferior calitat als nostres i que no obstant es valoren més en el mercat.

60)
Agricultura, ramaderia, peixca i alimentació.

L'agricultura és molt més que una simple activitat econòmica perque manté un entorn ambiental, territorial i social, una base local alimentària, un païsage i una cultura identitàries. En Valéncia dona treball a mig milló de persones i representa el 25% de les exportacions, que no és poc. El problema és que hui l'agricultura ya no és rendable. Per això s'han de buscar fòrmules per a recuperar la seua prosperitat. Per eixemple, el latifundisme, ya que en minifundis no se pot competir contra les extenses plantacions agrícoles de Canadà, Estats Units o Argentina. O redirigint la producció cap a uns atres productes que no tinguen tants costs (per eixemple el cultiu de secà, que a penes necessita aigua) o als que tinguen un valor afegit (com el vi, que està associat a l'elegància i el prestigi). També cal fomentar les cooperatives i la venda directa al consumidor sense intermediaris que multipliquen exponencialment el preu final. Pero és palés que açò no sempre pot ocórrer i que hi ha un abisme entre lo que el comprador paga en el supermercat i lo que rep l'home de camp.

Per ad estos casos, l'Estat Valencià marcarà unes tarifes mínimes per als productes agrícoles i serà illegal pagar per baix de les mateixes als llauradors. Si es compra fruita i hortalices de fòra de Valéncia, també hauran de respectar la tarifa mínima per a evitar el dumping agrícola que significaria deixar de comprar als valencians per a portar fruita barata de fòra. Ademés, hi haurà un doble etiquetage que marcarà el preu al que se li paga al llaurador i el preu final al que se ven. Pel que fa al dèficit hídric, la solució passa per una combinació de dessaladores, depuradores, evitar les fugues d'aigua i sobretot un aprofitament màxim del líquit, com Israel que, a través del seu rec computerisat, ha fet florir el desert més erm. Seria un erro estratègic acceptar un transvasament de l'Ebre puix deixaríem el nostre sustent hidrològic en mans dels nostres pijors enemics. Igual que seria un erro decantar-se pels cultius transgènics en lloc de per l'agricultura de sempre, o per l'especulació urbanística en lloc de per la protecció de l'horta que frena la polució de l'aire i l'erosió de la terra.

Pel que fa a la ramaderia, esta continua sent una font de riquea, en especial en les comarques del nort. Cal apostar no sols per la ramaderia industrial sino també per la tradicional, més natural i sana. Serà de crucial importància controlar les malalties animals que puguen ser transmissibles als sers humans per a evitar casos com el del síndrome de les vaques folles que es repetix cíclicament per la mala fe d'alguns ramaders i la falta de supervisió de les autoritats. En quant a la peixca, urgixen mides que porten a la reestructuració i modernisació de les flotes peixqueres i equipaments de ports i instalacions per a la comercialisació, la constitució de societats mixtes en Estats en jurisdicció sobre les calades d'alta productivitat, la recuperació de les calades pròpies esgotades, el rebuig i la condena més totals a les pràctiques peixqueres illegals, a l'us d'arts prohibides i a la captura de peixos no madurs, i el desenroll de l'aqüicultura. En resum, el sector estratègic de l'alimentació deu mantindre's puix seria perillós que el nostre menjar estiguera en mans dels de fòra.

61)
Ecologia i mig ambient.

El poble valencià deu tindre un compromís ferm en la defensa del mig ambient. No de broma el canvi climàtic pot afonar baix les aigües a moltes illes-Estat d'Oceania. S'educarà a chiquets i majors per a mantindre una nació neta. S'ha de prendre nota d'Alemanya, Suïssa o Singapur, a on la gent és tan cívica que no trobes ni un sol paper per terra perque sap que l'ha de depositar en la paperera. Papereres les alemanes que tenen quatre compartiments separats, u per a cada tipo de brossa (el de paper-cartó, el del vidre, d'envasos llaugers, i matèries contaminants). I front a la contaminant política d'incineració del fem, en València es deu fer extensiva la practica d'una gestió de residus que deu estar basada en l'arreplegada selectiva, en la reutilisació, el reciclage, el tractament dels residus sòlits urbans, en un nivell màxim d'aprofitament. Cal desterrar d'una volta per totes de les nostres terres tots eixos macroabocadors colectius, aixina com aquells abocadors incontrolats i illegals, i apostar-ne per uns que siguen selectius i organisats i pels ecoparcs en els pobles.

Hem de combatre en tot el pes de la llei els incendis provocats i la piromania. Es crearà un Pla Valencià de la Reforestació que plantarà espècies autòctones per a repoblar els arbres cremats i evitar l'erosió i desertisació de la terra. En este mateix sentit, deurien fomentar-se els espais verts (jardins, parcs, arbres...) dins de les pròpies ciutats, com és habitual en les repúbliques d'Amèrica. S'elaborarà un pla antiinundacions per a minimisar els efectes de futures riuades i un pla antiabocaments per a combatre tots eixos menuts (encara que molts i constants) abocaments de fuel que els bucs petrolers llancen aposta en la nostra mar.

Igualment s'implantarà un impost vert sobre productes, mercaderies i servicis tòxics. Lo obtingut per l'ecoimpost es destinarà a programes de protecció i millora ambientals. Es lluitarà a sanc i fòc contra la contaminació atmosfèrica, marítima i acústica. S'apostarà per l'ecologia, per l'educació, per la sostenibilitat dels recursos i se fomentarà la cooperació internacional per a preservar els boscs, les montanyes, la costa, els rius i la mar.

62)
Pla Valencià de l'Energia.

És estratègic per a qualsevol nació tindre l'independència energètica o per lo manco reduir la dependència de l'exterior. Un suministre energètic barat és fonamental no sols per als consumidors sino també per a les empreses, puix es reduïxen costs, s'incrementa la competitivitat i s'incentiven les inversions. La prioritat número u deu ser les energies renovables, per ser netes i inagotables. Hem d'aprofitar que Valéncia és un país de sol, de vent i de mar i convertir-mos en líders mundials del sector. En segon terme cal construir centrals nuclears; és l'energia més poderosa, barata i fiable del present. Molta gent és reticent pel perill que comporta, pero la seguritat tecnològica ha millorat moltíssim; Chernobil fon una excepció i ademés no té sentit renunciar a la nuclear quan estem rodejats de les centrals de França, Espanya i Marroc, que en cas d'accident mos afectarien igualment. Per últim, urgix investigar els coches elèctrics i d'hidrogen i desterrar en un futur el petròleu i el gas, que procedix de dictadures inestables i Estats terroristes i que és font de contaminació i de guerres en el món.

63)

Turisme i oci.

El nostre país és mediterràneu i com a tal fester i alegre. El turisme és la principal indústria nacional de Valéncia, gràcies especialment a l'oci nocturn. Sobre este tema es produïx un autèntic círcul viciós que afecta als empresaris, que volen treballar; als veïns, que volen descansar; i als jóvens, que volen divertir-se. Uns i atres esgrimixen drets: el de treballar (oferint un servici en pubs i discoteques), el de l'oci (que volen els jóvens), el del respecte al mig ambient (no a la contaminació acústica) i el dret a descansar (que és constitucional). Si ningú fica un aeroport en el centre d'una ciutat ¿per qué sí una sorollosa taverna? La solució és construir estos locals a les afores. Allí es podrien fer uns enormes polígons d'oci (en discoteques, tasques, cines, boleres...) que beneficiarien a tots: als veïns perque per fi descansarien, als empresaris perque a l'estar a les afores podrien tancar molt més tart i als clients perque ho tindrien tot més a la mà, sense haver de desplaçar-se de poble en poble... Inclús se salvarien les vides de molts chicons al aforrar-los viages en auto.

Es podien habilitar zones controlades per a que els jóvens pogueren fer el seu botellot. I deu haver trens nocturns que porten als locals de marcha. I lo més important; caldria que l'Estat oferira una alternativa d'oci sana i barata distinta de botellot i discoteca. Per eixemple es podrien obrir de nit biblioteques per a que la gent vaja a llegir, polideportius per a fer deport, locals a on poder jugar a videojocs d'ordenador conectats en xàrcia, llocs a on la jovenalla anara simplement a conéixer gent i a passar-ho be (paregut als casals fallers o les colles), més cineclubs, més obres de teatre, etc. Front al turisme cutre d'alcohol i festa que tenen en Balears i

Catalunya per a atraure adolescents i jóvens europeus, Valéncia deu ser sinònim de turisme familiar, que resulta més numerós, educat i adinerat. Els jóvens europeus sols venen a bufar-se i causar molèsties i ademés gasten lo mínim puix no disponen de molts recursos. En quant al turisme musical hem d'atraure els concerts de les grans figures internacionals en el FIB de Benicàssim, les òperes i teatres, els estadis de fútbol i places de bous...

A pesar de les crítiques de l'esquerra immovilista que són els ecologistes i neocomunistes, és ben admirable l'expansió de Benidorm, una humil ciutat de peixcadors que s'ha convertit en pocs decenis en una capital mundial del turisme. I assequible per a tot lo món. Com a contrapunt, Marina d'Or deuria focalisar un turisme més elitiste, de més diners a l'estil de Mónaco. I sobretot cal diversificar el turisme, que no deu quedar-se només en sol, plaja i discoteca ya que això se pot trobar més barat en uns atres països del nostre entorn. Hem de potenciar el turisme de tercera edat; el de tradicions, donant a conéixer les festes típiques (Magdalena, Misteri d'Elig...); el de cultura (museus, monuments...), molt indicat per al públic japonés –el qual es resistix a visitar-mos per l'alta tassa de delinqüència que tenim–; el turisme car, en l'instalació de camps de golf i unes atres atraccions que seduïxen a la colònia anglesa resident en Valéncia i al visitant europeu de classe alta; el turisme rural, que revitalisa l'interior; i el turisme congressual i de negocis, que prestigia al país.

64)
Caixes d'aforros.
Les caixes d'aforros suponen un pilar fonamental del sistema financer valencià. De fet, es calcula que el 50% del

capital dels valencians està ingressat en caixes d'esta naturalea. En els últims anys estes entitats s'han alluntat notablement dels seus principis fundacionals, destinant els seus beneficis al finançament de parcs temàtics i fútils obres faraòniques. Han de tornar a dirigir els guanys a l'obra social (fer hospitals, vivenda barata, residències...) i a evitar l'exclusió financera d'amples capes de la nostra societat puix molts ciutadans busquen en les caixes l'oportunitat que els és negada pels bancs. Les caixes deuen donar soport al I+D i als mamprenedors, protegir la cultura valenciana i la família, i combatre l'exclusió social. Resulta vital promoure la despolitisació de les caixes. I com a resposta a la crisis global de 2008 potser ha arribat l'hora de la fusió d'entitats, be absorbint les d'unes atres autonomies pero mantenint el centre de decisió ací o be fusionant totes les caixes valencianes (Bancaixa, CAM, Ruralcaixa...) per a crear una supercaixa sòlida, puixant i forta[21].

---

[21] El somi d'una supercaixa valenciana s'ha vist truncat. En 2010 es va crear Bankia de la fusió de Bancaixa, Caja Madrid, Caja Insular de Canarias, Caja Rioja, Caja Ávila, Caja Segovia i Caixa Laietana. L'entitat tenia la sèu social en el Cap i Casal pero en 2012 fon nacionalisada per l'Estat a causa de la seua situació de bancarrota. Lo mateix va passar en Banco Valencia, també nacionalisat a causa de la pèssima gestió dels seus directius. Se supon que una volta siguen sanejats en diners públics, abdós es vendran al millor postor a preu de saldo. La CAM, també quebrada, fon nacionalisada en 2011 i venuda un any més tart a Banco Sabadell pel simbòlic preu d'un euro. Finalment, Ruralcaixa decidí fusionar-se en l'andalusa Cajamar. L'entitat resultant, Cajas Rurales Unidas, tindrà la sèu social en Almeria. En 2010 els valencians teníem Bancaixa, Banco Valencia, CAM i Ruralcaixa i tan sols dos anys més tart no tenim res.

65)

De la desocupació.

L'actual INEM no val per a res puix els funcionaris estan de braços creuats. Per això es crearà una Agència Valenciana del Treball, a on es fomente la busca activa de llocs de treball per a desempleats. Els funcionaris que no facen la seua llabor seran despedits. Tampoc es realisa un control estricte del parat; això espoleja la picardia i el frau. Per a combatre el parasitisme dels qui volen cobrar del subsidi de desocupació pero no buscar treball, proponc que la prestació que un ciutadà rep de desocupació vaja decreixent paulatinament tots els mesos. Aixina s'espavilarà en trobar faena pronte. I per a evitar el frau, el model suís. Allí un parat es troba obligat a buscar activament colocació i ho deu provar a diari en l'oficina d'ocupació mostrant els certificats firmats per empresaris que declaren que ha deixat un currículum o que ha fet una entrevista de treball. L'oficina et convoca d'un dia per a l'atre a distintes hores del matí o de la vesprada, de tal modo que no pots treballar en negre mentres cobres un subsidi puix no saps mai quan te toca anar. Si no busques treball activament, te retiren la prestació del subsidi de desocupació.

66)

Pla Valencià de l'Ocupació.

A nivell macroeconòmic hi haurà un control dels contes públics perque acumular dèficit comporta un aument de la desocupació. Es procedirà a lliberalisar els mercats per a que hi haja una competència real que beneficie als consumidors i sobretot es farà lo impossible per aumentar la productivitat per a pegar el bot de ser un país de mà d'obra barata a u d'alta tecnologia. D'una atra banda, la millor política social és sempre un bon treball, remarcant lo de bo. Per això, a nivell microeconòmic, cal fomentar la contractació indefinida front a la temporalitat laboral, la remuneració salarial front a la precarietat. S'ha de prohibir la subcontractació, tancar les Empreses de Treball Temporal (ETT) i compatibilisar la vida laboral i familiar ab uns horaris més flexibles i ab la creació de guarderies en el lloc de treball per part de les empreses més grans a on els seus empleats puguen deixar al fills en bones mans i anar a treballar tranquils. Combatre la devastadora sinistralitat laboral i otorgar la prioritat a la contractació de valencians i no de forasters seran les mides que complementaran este pla.

Hui els contractes temporals s'usen majoritàriament en frau de llei. Açò provoca una dualitat en el sector laboral: treballadors fixos, el despediment dels quals és molt alt i en molts casos inassumible per a l'empresari; i treballadors temporals, que despedixen debades en no renovar-los el contracte. Per a acabar en la dualitat, en la precarietat i en la temporalitat laborals, cal el contracte únic. Aixina, totes les noves contractacions es farien en un contracte indefinit d'indemnisacions creixents: a més temps en eixe treball, més indemnisació. Tot això acompanyat d'una rebaixa de cotisacions socials per a incentivar la contractació. És el model de *flexiseguritat* que tan bons resultats ha donat en Dinamarca. Ademés, cal fer un *segur contra el despediment* que es crearia en les aportacions empresarials a un conte individual de cada treballador en el 1% del seu salari. Cada persona podria dispondre d'eixos diners si és despedida o be en el moment de la seua jubilació. En este conte els treballadors també podrien rebre directament les ajudes a la formació i unes atres subvencions. Este conte d'aforro que beneficiaria al treballador i que seria pagat per l'empresa està inspirat en el model de la mochila austríaca.

67)
Polítiques de gestió humana.
En el Primer Món hi ha dos models de tractar als treballadors: l'occidental i el japonés. El primer es caracterisa per explotar als obrers en condicions dures ab encarregats que com si de dòbermans o carcelers es tractara, tenen la missió d'atemorisar al treballador per a que no s'encante en les cucales. Açò lo que produïx és un ràpit síndrome del cremat en l'empleat, que es desmotiva, se farta i deixa de rendir i d'implicar-se. Per contra, el model japonés és molt més humà en este sentit; en sòus alts; contractes fixes per a fidelisar als treballadors i una voluntat d'integrar a l'empleat preocupant-se per ell quan la cosa no li funciona be a nivell personal; també s'escolten les seues idees i propostes per a poder millorar el funcionament de l'empresa, etc. Tot açò fa que se senta integrat, que note que forma part del treball, que s'identifique en l'empresa, a la que percep com una segona família, ab tot lo qual se sent be i s'esforça molt més. Un treballador que se sent a gust s'implica en el proyecte i rendix molt més. Per això, les polítiques de gestió humana deuen anar en eixa senda.

68)
Calendari laboral i jornada contínua.
El calendari feriat de Valéncia és excessiu. Entre festes llaiques, religioses i ponts, l'economia no té una continuïtat. Tan sols deuen ser festius els dies 1 de Giner (primer d'any), 6 de Giner (Reis), 1 de Maig (dia dels treballadors), 9 de Maig (dia d'Europa), 9 d'Octubre (dia de Valéncia), 12

d'Octubre (dia d'Espanya) i 25 de Decembre (Nadal). En això, els caps de semana i el més de vacacions hi ha prou. El restant de festivitats es traslladaran a la fi de semana de la semana corresponent i, com en Europa, s'eliminaran els ponts que tan a sovint fem ací. D'una atra banda, urgix adoptar la jornada contínua per la qual la gent treballa les hores corresponents pel matí i en acabant se'n va a sa casa a descansar. La partició de jornada en matí i vesprada és demencial perque la gent entra a les nou del matí en l'oficina i ix a les nou de la nit; aixina no tens temps per a comprar, descansar o compartir en la família. Ademés, està comprovat que ab jornada contínua es rendix més. Per últim, cal una metanoia per la qual no es valore el fer hores per fer hores sino que la productivitat en eixes hores siga alta.

69)
El futur de les pensions.
Es preveu que a causa l'envelliment creixent de la població valenciana les pensions de jubilació siguen insostenibles en el futur. Pero la Seguritat Social no pot desmantellar-se sols perque les contribucions siguen insuficients. Arribat el cas, es poden complementar ab els imposts, igual que fem en les Universitats i televisions públiques, que tampoc es mantenen en les matrícules dels estudiants ni en les insercions publicitàries respectivament. D'una atra banda, si es complixen els pronòstics del professor Santiago Grisolía, els humans viurem una mija de cent anys en el futur, per lo que pareix del tot inevitable retardar l'edat de jubilació, potser a 70 o 75 anys (exceptuant a qui tinga treballs durs). Una atra possibilitat és fer plans de pensions privats. Finalment, per a evitar una superpoblació de la tercera edat, se fomentarà que els jubilats valencians

que ho desigen, en lloc de quedar-se en Valéncia i viure d'un modo espartà, agafen sa pensió i s'instalen en nacions boniques a on el nivell econòmic és més baix (Veneçuela, Cuba, Mèxic...) i a on podran viure com a reis.

Pero la clau està en canviar el model. La Seguritat Social és una estafa piramidal en la que els treballadors no cotisen per a les seues pensions futures sino per a pagar la dels jubilats actuals. Això pot comportar que el dia que es jubilen, si no hi ha prou cotisants, cobren una pensió miserable o no cobren, encara que hagen treballat tota la vida. Necessitem un sistema de capitalisació o aforro a on cada cotisant guarde diners per ad ell que en acabant podrà reclamar quan es jubile. Des de que Chile ho implantà en els 80, cada volta més nacions estan copiant el sistema. Hi ha vàries fòrmules, des d'un fondo conjunt tripilar sostingut per bancs privats, Seguritat Social i empreses en Chile al model de Hong Kong a on es cotisa a un pla privat sense necessitat d'una burocràcia governamental. En Suècia, Irlanda i Països Baixos funciona be a través de fondos privats o be com un percentage de capitalisació que s'aplica a les contribucions obligatòries del sistema públic de repartiment. Es poden estudiar moltes fòrmules, pero resulta urgent adoptar el sistema d'aforro i que lo que u cotise siga d'ell.

70)

Infraestructures.

Front al centralisme radial de Madrit, proponem unes infraestructures que fa molt de temps que deurien ser una realitat. <u>1) Parc Industrial Sagunt.</u> Sagunt deu dotar-se del parc industrial més gran d'Europa, per a que s'instalen empreses de tot tipo, especialment les industrials i d'alta tecnologia. <u>2) Pla Hídric Nacional (PHN).</u> Cal garantisar el suministre d'aigua ab dessaladores, depuradores, evitant fugues d'aigua i un aprofitament màxim del líquit. En matèria hídrica, els valencians hem de ser autosuficients: seria un erro estratègic acceptar un transvasament de l'Ebre puix deixaríem el nostre sustent hidrològic en mans dels nostres pijors enemics. 3) Pla antiinundacions. Hem de posar els recursos llegals i econòmics i tecnològics per a evitar que noves riuades i empantanades puguen produir-se en el futur. 4) Pla antiabocaments. Fa falta un estricte sistema de control i vigilància per a combatre els abocaments que els bucs petrolers fan en la mar de forma premeditada per a netejar els tancs. 5) Ciutat de la Justícia. Consolidar-la front a la dispersió i obsolescència dels jujats.

6) Administració local. Ha arribat l'hora d'una segona descentralisació que acoste l'administració als ciutadans, en este cas a les comarques i Ajuntaments, que són les institucions més pròximes. 7) Estadi Olímpic. Necessitem un estadi olímpic que podria ser un camp comú per a Valéncia CF i Llevant; dit estadi fomentaria el deport d'èlit i l'atletisme i seria la sèu d'uns futurs Jocs Olímpics en Valéncia. 8) Ciutat de la Pilota. Cal edificar una gran catedral de la pilota que siga referent global per ad este deport en el que la Selecció Valenciana és campeona del món; construir més trinquets; restaurar els vells i promocionar este deport en les aules i mijos de comunicació. 9) Palaus musicals. El Palau de la Música passarà a dir-se Palau Joaquim Rodrigo. Allí actuaran les millors òperes, orquestes i bandes del món. Es crearà també el Palau Nino Bravo en un aforament de 20.000 persones per a concerts de grups més comercials. 10) Telecomunicacions. En esta era post-industrial, s'ha d'abaratir, expandir i facilitar l'accés a les Tecnologies de l'Informació i la Comunicació (TIC).

71)

Transports i comunicacions.

Per a millorar el transport: <u>1) TAV.</u> Cal un TAV que comunique les quatre grans ciutats (Castelló de la Plana, Valéncia, Alacant i Elig) en Madrit pero també un atre TAV que unixca tot l'Arc Mediterràneu[22] des d'Almeria fins a Livorno. <u>2) Trens.</u> Cal transformar l'Estació del Nort del Cap i Casal en el Parc Central, dotant-la de túnels subterràneus; millorar la seguritat dels trens per a evitar chocs i descarrilaments i vertebrar tot el Regne de tal modo que es puga recórrer de nort a sur en tren. També es podria crear una via de ferrocarril exclusivament per a mercaderies. Açò podria construir-ho i gestionar-ho un conglomerat de grans empreses exportadores, a l'estil de les autopistes. La via seria privada i al cap de cinquanta any passaria a ser de titularitat pública. <u>3) Aeroport.</u> Castelló deu dispondre d'aeroport propi lo més pronte possible. I Manises i L'Altet deuen aumentar la seua oferta internacional. <u>4) Port</u>. Valéncia deu ser el millor port comercial d'Europa, i estar com a mínim a l'altura dels de Rotterdam i Singapur. <u>5) Arc Mediterràneu.</u> S'impulsarà la lliberació de peage de la AP-7; l'ample de via europea; la comunicació per tren; autopista i carretera ab Aragó com a eixida estratègica cap a França; i un sistema intermodal de comunicacions que enllace per via ferroviària els ports valencians ab els aeroports de Manises, Barajas i El Prat.

---

[22] L'Arc Mediterràneu es compon de la costa dels Estats d'Espanya, França, Mónaco i Itàlia. En un mapa d'Europa es pot contemplar com estes costes tenen una forma d'arc i que es troben en la Mediterrànea. Per això mateix se coneix com Arc Mediterràneu. Els pancatalanistes han tractat d'identificar este arc com a sinònim dels utòpics Països Catalans.

6) <u>Metro.</u> Cal dotar a les principals ciutats valencianes –i a les seues respectives àrees metropolitanes– de moderns sistemes de metro i desterrar ya d'una volta eixos tramvies que interrompen la circulació automovilística. <u>7) Autobús.</u> Per a combatre les aglomeracions i la polució es potenciarà el transport públic urbà i interurbà, per eixemple rebaixant el seu preu; incrementant la puntualitat; oferint abonaments especials per a estudiants, jubilats i gent de pocs recursos, etc. <u>8) Carreteres.</u> El poble necessita una xàrcia d'autopistes valencianes –que són millors que les autovies– que comunique totes les comarques del Sénia al Segura, aixina com Valéncia ab Espanya i Europa. Les carreteres són vitals per a la vertebració nacional, en especial per a les comarques de l'interior. <u>9) Titularitat.</u> En llínies generals aposte per la titularitat pública dels transports, encara que també es podria estudiar una privatisació si resultara interessant per al país. <u>10) Gestió.</u> Espanya transferirà a Valéncia totes les competències de transports, carreteres, comunicacions, aeroports i ports.

Josué Ferrer

CULTURA

"El poder i l'educació sempre són
inversament proporcionals l'u a l'atre".
Wilhelm Von Humboldt (llingüiste i polític).

72)
Referèndum per la llengua.

No es pot tornar a caure en l'erro de 1995. El president
d'Unió Valenciana (UV), Vicent González Lizondo, pogué
erradicar el català i no ho feu. Fon una oportunitat d'or
desaprofitada. El dia que un partit valencianiste tinga el
poder serà imprescindible que controle la Conselleria de
Cultura i Educació, els mijos de comunicació i les
Universitats. Així com també ho és derogar l'Acadèmia
Valenciana de la Llengua (AVLL), fer de la RACV l'entitat
normativa de l'idioma valencià i descatalanisar i
valencianisar l'escola, administració i mijos. I cal reformar
l'Estatut per a que deixe clar i sense dubtes que el valencià és
un idioma independent i distint del català. Ara be, res de tot
lo anterior valdrà per a res si no es fa un referèndum (o
consulta popular en el seu cas) a on el poble ratifique tot açò.
Puix sense referèndum, el dia que un partit valencianiste ya
no estiga en la Generalitat i tornen els catalanistes, ho
desfaran tot. No calen solucions per a quatre anys sino
solucions per a sempre. I un referèndum ho és. Perque cap
Govern futur s'atreviria a llegislar contra ell.

Cal usar RTVV per a calfar l'ambient de cara a que el
poble es movilise i vote estos dos referèndums en tota la
ràbia del món:

La consciència de ser valencians

1) "¿Accepta vosté que en l'Estatut Valencià diga expressament que el valencià és una llengua independent i distinta de la catalana i de qualsevol atra, que se regula per les Normes d'El Puig i que l'ent normativisador és la Real Acadèmia de Cultura Valenciana (RACV) i no cap atre?"

2) "¿Desija vosté que el nacionalisme català desistixca del seu intent d'incloure al Regne de Valéncia en el seu proyecte de Països Catalans i que deixe en pau al poble valencià d'una volta per totes i per a sempre?"

Si ni tan sols aixina captaren el mensage els nostres *germans* del nort, es podria formular una tercera pregunta adicional:

3) "¿Preferix vosté estar mort a ser català?"

A vore el poble qué és lo que diu.

73)
La llengua valenciana en l'Estatut.
Al voltant del tema de la llengua, veem qué mos diu l'Estatut d'Autonomia Valencià (2006), concretament en l'artícul número sis:

Artícul 6.
1. La llengua pròpia de la Comunitat Valenciana és el valencià.
2. L'idioma valencià és l'oficial en la Comunitat Valenciana, igual que ho és el castellà, que és l'idioma oficial de l'Estat. Tots tenen dret a conéixer-los i a usar-los i a rebre l'ensenyança del, i en, idioma valencià.

3.   La Generalitat garantisarà l'us normal i oficial de les dos llengües, i adoptarà les mides necessàries per tal d'assegurar-ne el coneiximent.

4.   Ningú podrà ser discriminat per raó de la seua llengua.

5.   S'otorgarà especial protecció i respecte a la recuperació del valencià.

6.   La llei establirà els criteris d'aplicació de la llengua pròpia en l'Administració i l'ensenyança.

7.   Es delimitaran per llei els territoris en els quals predomine l'us d'una llengua o de l'atra, aixÍ com els que puguen ser exceptuats de l'ensenyança i de l'us de la llengua pròpia de la Comunitat Valenciana.

8.   L'Acadèmia Valenciana de la Llengua és l'institució normativa de l'idioma valencià.

Si vixquérem en un país normal, bastaria seguir al peu de la lletra lo que diu l'Estatut d'Autonomia de Valéncia per a que la llengua de l'administració, de l'ensenyança i dels mijos de comunicació fora la llengua valenciana i no el català. Pero com que este no és un país normal, hem d'engolir un etnocidi, una *subnormalització* llingüística que consistix en parlar i escriure en català i en acabant dir que és valencià. A pesar de que l'Estatut diu que parlem valencià (i no català) s'interpreta que el valencià és un dialecte/variant/sinònim del català i que, per tant, és el català. Aduïxen els pancatalanistes que igual que l'espanyol es diu també castellà, el català es diu també valencià. És palés que cada dia més els pancatalanistes tractaran de refrendar l'unitat de les llengües via estatutària, per això cal fer precisament lo contrari; plasmar sense ambigüitats en la llegislació, especialment en l'Estatut d'Autonomia de València, que el valencià i el català són dos realitats distintes. Hem de procedir a un blindage de les nostres senyes d'identitat per a que no puga vindre ningú de fòra per a jugar en elles:

Artícul 6.

1. La llengua pròpia del Regne de València és el valencià.

2. L'idioma valencià és l'oficial en el Regne de València. El castellà és l'idioma oficial de l'Estat Espanyol. Tots tenen l'obligació de conéixer-los i usar-los i de rebre l'ensenyança del, i en, idioma valencià.

3. El valencià és una llengua independent i distinta de la catalana i de qualsevol atra llengua del món. El valencià mai podrà ser reduït a la condició de dialecte, variant, o qualsevol atre terme o condició que llimite o erradique el seu doble estatus de llengua i d'independent.

4. La Generalitat garantisarà l'us normal i oficial de les dos llengües, i adoptarà les mides necessàries per tal d'assegurar-ne el coneiximent.

5. Ningú podrà ser discriminat per raó de la seua llengua.

6. S'otorgarà especial protecció i respecte a la recuperació del valencià.

7. La llei establirà els criteris d'aplicació de la llengua pròpia en l'Administració i l'ensenyança.

8. La llengua valenciana tindrà el seu àmbit d'influència en la totalitat del territori del Regne. No es podrà exceptuar de l'ensenyança i de l'us del valencià a cap territori del Regne.

9.   La Real Acadèmia de Cultura Valenciana (RACV) és l'institució normativa de l'idioma valencià. L'idioma valencià es regularà per les Normes d'El Puig.

10. La reforma de qualsevol dels punts del present artícul sext ha de ser obligatòriament a través de la prèvia consulta al poble en un referèndum.

Sembla quasi una paranoia que s'haja de filar tan prim per tal de garantisar l'us normal d'un idioma, pero és que els valencians patim una situació de voraç imperialisme polític i genocidi cultural que es filtra en el nostre país ab la més mínima ambigüitat. Cal deixar clar en el nostre Estatut (que serà la Constitució Valenciana nomenada Furs) que el valencià és un idioma independent, i distint del català, perque si no dius que és distint del català hi ha gent capaç de dir que sí, que el valencià és una llengua independent... ¡que es parla en Valéncia, Balears i Catalunya! De fet, hi ha un precedent d'un poble que deixà ben clara sa voluntat de tallar tot tipo de víncul en el poble veí: el de l'Ex–República Yugoslava de Macedònia (ben delator i significatiu el seu nom). D'igual forma, els valencians hem de seguir l'eixemple macedoni, dilucidar tots els dubtes i ambigüitats per a descartar tots els girs semàntics i malabarismes llingüístics possibles i deixar plasmat en els nostres Furs lo que parlem, lo que som i lo que volem ser. I que li quede clar a tot lo món.

74)
El requisit llingüístic.
Per a eixercir la funció pública serà necessari el requisit llingüístic. Igual que resulta imprescindible conéixer el

castellà, també deu ser-ho el valencià. De poc val que un professor siga Premi Nobel si no coneix l'idioma en que deu impartir classes als alumnes o que un mege publique molts artículs científics en la prensa especialisada si no es pot comunicar en els pacients. Hem de deprendre a vore la llengua com un factor imprescindible i no com un mèrit accessori. En les aules deu fomentar-se un model trilingüe per a tots els centres a on el 50% de les classes siga en valencià, el 25% en espanyol i el 25% en anglés. Aixina es conseguiria un sistema pel qual als díhuit anys un alumne dominaria els dos idiomes oficials del Regne i es defendria en l'anglés. Seria molt millor que en l'actual model monolingüe castellà, a on en esta mateixa edat molts alumnes són incapaços de sostindre una conversació de cinc minuts en anglés o valencià. I ya en l'empresa privada, els clients per llei deuen tindre el dret d'exigir que en un negoci els atenguen en valencià si aixina ho volen.

75)

Llengua i Cultura Valencianes, patrimoni de l'humanitat.
La mitat de la població valenciana és hispanoparlant i la Generalitat deu garantisar els seus drets llingüístics pero deu dedicar una especial protecció i foment a la nostra dolça i milenària llengua valenciana, impulsant el seu aprenentage i us. És per això que s'exigirà el requisit llingüístic als docents, a tot el funcionariat públic, als polítics i a tots els qui aspiren a treballar en òrguens de l'Unió Europea, Estat Espanyol o Estat Lliure Associat de Valéncia que es troben dins del nostre país. Pero cal fer més: fer del Senat d'Espanya una cambra de representació plurinacional i plurillingüística, l'inclusió del valencià en els currículums, la documentació administrativa i l'emissió de sagells... La Generalitat tindrà

totes les competències plenes en matèria de Cultura i Educació; colaborarà en el reconeiximent de les atres llengües minoritàries d'Europa; tindrà veu i vot en la UNESCO i lluitarà entusiastament per a que la Llengua i la Cultura de Valéncia siguen declarades patrimoni de l'humanitat; i promocionarà el coneiximent i us del valencià en el món.

76)

Compromís ab les llengües minoritàries i amenaçades.

Són dignes d'alabança institucions com la del Front Internacional per les Llengües Amenaçades (FILLA) o actes com el Seminari Internacional de Llengües Minoritàries (SILLM) que tingué lloc en Valéncia capital en 2002, els quals opten per la defensa de les llengües minoritàries a través de proyectes científics basats en la solidaritat i la cooperació. Des de lo privat pero també des de les institucions públiques cal fomentar la colaboració en pro de les llengües minoritàries en el món, en Europa i especialment en Espanya, que sempre se centra en quatre idiomes (castellà, gallec, català i vasc) i nega l'oficialitat, menysprea o obertament extermina al restant (bable, càntabre, lleonés, castuo, fala galaico-extremenya, altaragonés, aragonés oriental, valencià, balear, aranés, caló, silbo...) Si en les relacions exteriors deuen primar els drets humans i si deu haver una solidaritat en les demés nacions sense Estat, no deu faltar una sensibilitat cap a les llengües en perill. Cal colaborar especialment en l'occità, el balear i l'aragonés oriental, llengües germanes del nostre idioma totes elles.

77)
Proyecte Nicolau Primitiu.

El Proyecte Gutenberg (www.gutenberg.net) és una creació del bibliòfil Michael Hart, qui des de 1971 arreplega llibres electrònics per a distribuir-los debades via internet. Ell pensava que seria una bona idea que texts interessants, curiosos o importants estigueren disponibles per a aquells que vullgueren consultar-los. En la colaboració de voluntaris que li envien obres d'interés que troben en la xàrcia, Hart ha arribat a compilar mils i mils de documents disponibles per a tots. Mosatros hauríem de dur a terme un proyecte semblant que aglutinaria obres en llengua valenciana, com també de temàtica valenciana o d'autors valencians, encara que estigueren escrites en uns atres idiomes. Des d'Ausias March fins a Antje Voss passant per Vicent Blasco Ibáñez o Miquel Hernández, el catàlec de llibres-e podria ser enorme. Este proyecte duria el nom de Nicolau Primitiu, en honor a aquell prohom i bibliòfil valencià que recopilà en sa casa més de 35.000 volums sobre temes i autors valencians que constituïxen la base de la Biblioteca Nacional Valenciana a dia de hui.

78)
Seminari Virtual de la llengua valenciana (SVLLV).

A causa de l'actual opressió institucional, el catalibanisme de les Universitats i la conspiració de silenci de la prensa costa Deu i ajuda fer una cosa tan normal com un debat científic. Tal és la paranoia de la secta catalanista que els debats toca fer-los en l'estranger. *El valencià, entre l'autonomia i l'assimilació* de la filòloga romànica de nacionalitat alemana Antje Voss és un eixemple de tesis doctoral que mai podria haver eixit avant ací. Un bon camí per a promoure el debat és participar en acontenyiments científics com el Congrés de la Llengua Valenciana o el Seminari Internacional de Llengües Minoritàries. O traure avant tesis doctorals en Universitats de fòra. Ara cal un Seminari Virtual de la Llengua Valenciana (SVLLV) que se faria en internet, de caràcter permanent i en ell es publicarien treballs científics sobre la llengua valenciana, tant en idioma valencià com en uns atres (espanyol, anglés...). Deuria contar en l'aval d'ents de prestigi com la RACV i potser alguna Universitat privada. Així podríem donar a conéixer el conflicte llingüístic a tot lo món.

79)
El valencià en la ret.

En este temps de globalisació i noves tecnologies resulta imprescindible ampliar la presència del valencià en la ret. Per això cal un Seminari Virtual de la Llengua Valenciana (SVLLV) de modo permanent en internet, a on es publiquen treballs científics a favor de la Llengua i Cultura Valencianes, com hem dit adés. També cal multiplicar el fins ara microscòpic número de webs en valencià de tal modo que puga ser, dins de l'àmbit de les llengües minoritàries, una de les més punteres en la malla màxima mundial. Aixina i tot, hem d'admetre que s'han fet progressos importants en els últims temps: Uiquipèdia, el diccionari i corrector de la RACV, la traducció al valencià del programes informàtics lliures: Mozilla Firefox, Open Office... Hem de consolidar l'incipient Universitat Valenciana Internacional[23], que impartix una formació no presencial via internet. És vital crear una extensió .val a l'estil de les .com, .net o .cat, per a

---

[23] Valencian International University (VIU) és la nomenclatura oficial. El seu nom anglés denota l'intenció d'obrir-se al món.

aixina dotar d'una identitat pròpia a les nostres webs. En resum, cal usar els nous recursos tecnològics i comunicatius per a difondre l'idioma valencià en el món.

80)
La Real Senyera.
La Real Senyera és la bandera nacional de tots els valencians i hem de sentir-mos ben orgullosos d'ella perque és molt més que un tros de tela: ella encarna la nació, el poble, la pàtria, mos representa a tots. L'historiador Antoni Atienza demostrà que els valencians tenim —en tota seguritat— una bandera nacional des de 1261 com a mínim. Primer fon la del rei Jaume I que era dos barres roges sobre camp groc i en posterioritat, ab el temps, patí transformacions fins que el rei Pere II *el Cerimoniós* acabà configurant la bandera actual: quatre barres roges sobre fondo groc ab una franja blava, coronada i perpendicular que es troba vora el pal. Els intents catalanistes d'identificar la Senyera en l'insígnia del Cap i Casal i de voler fer creure que la bandera de Catalunya representa als valencians, ha caigut en el total descrèdit. Ara lo que fa falta és dur a terme un estudi científic ben rigorós que demostre que el Pendó de la rendició (mal nomenat de la conquista) és fals. Diversos laboratoris i Universitats internacionals —i per tant neutrals— rebrien la missió d'investigar el tema.

Alguns sectors defenen la Senyera estrelada com un símbol nacionaliste. Pero ¿quan ha segut Valéncia més independent que quan fon un regne? I si la corona que du la franja blava mos recorda que un dia fórem un regne independent ¿per qué renunciar ad ella? No es tracta d'inventar un estandart reivindicatiu sino de fer reivindicatiu el que ya tenim. En Estats Units hi ha banderes nortamericanes pertot, tant en institucions públiques com privades, puix l'estatunidenc és un poble patriota. Cal passar de lluir la Senyera només en actes públics i festes locals a fer-la omnipresent i fomentar una cultura de patriotisme valencià. Per una atra part, el Govern Foral de Navarra prohibí en 2002 la bandera vasca en qualsevol edifici públic de la comunitat foral. En tots els edificis públics deu onejar la bandera de Navarra. Ademés, la llei contempla un homenage a la bandera el dia de Navarra aixina com el repartiment de banderes en les festes patronals i escoles. Ací hem de prohibir les ensenyes catalanes (inclús en les festes locals) i fomentar la Real Senyera en el nostre país.

81)
Homenage a la bandera.

Des de 2002 –i per iniciativa del president d'Espanya José Maria Aznar– els espanyols homenagen la seua bandera en la Plaça de Colon en Madrit quatre dates a l'any: el dia de l'Hispanitat (12 d'Octubre), Sant Isidre (15 de maig), el dia de la Constitució (6 de Decembre) i el dia del sant del rei Joan Carles de Borbó (24 de Juny). També la Real Senyera –més antiga que la bandera espanyola– mereix un sentit homenage. Serà un acte cívic d'exaltació a la bandera de tots els valencians que es celebrarà en la Plaça de la Mare de Deu de Valéncia capital a on una gran Senyera s'issarà ben alt en un màstil davant de les autoritats i el públic. Est acte d'honra serà retransmés en directe per la televisió pública valenciana i en ell s'entonarà l'*Himne Nacional Valencià*. L'homenage es durà a terme en quatre dates senyalades: el 9 d'Octubre (dia de la Pàtria Valenciana), el 25 d'Abril (dia de Llibertats Nacionals), el 7 d'Abril (dia dels Furs) i el dia 1 de Juliol (que commemora l'Estatut i l'autonomia de Valéncia)) aixina com també el primer dissabte de cada més. Ya és hora de fer pàtria.

82)
Himne Nacional.
L'*Himne Nacional Valencià* és una peça vital del nostre patrimoni. I cal revalencianisar-la. Proponc que es lleve la frase inicial de "Per a ofrenar noves glòries a Espanya" i es substituïxca per la de "Tots baix els plecs de la nostra Senyera". Despuix de les moltes traïcions a les que Espanya ha somés al nostre poble en els últims tres sigles, hem de borrar-la de l'himne com a acte de desagravi. L'himne ademés serà obligatori cantar-lo una volta al dia, normalment a l'inici de la jornada laboral, en tots els llocs de titularitat pública; administració, empreses públiques, institucions polítiques i governamentals i molt especialment en escoles, instituts i Universitats; a on els estudiants deprendran des de ben menuts la lletra de l'himne. Vullc vore als chiquets entonant cada matí l'*Himne Nacional Valencià* en veu emocionada i la mà dreta en el cor. Ademés, en l'assignatura de música s'ensenyarà als alumnes la partitura i la solfa del nostre himne, per a que coneguen no únicament la seua lletra sino també la música que la compon... Esta és la versió que deuria oficialisar-se:

Himne Nacional Valencià.
Maximilià Thous (lletra).
Josep Serrano (música).

Tots baix els plecs de la nostra Senyera
junts, i a una veu, germans vingau.

Josué Ferrer

¡Ya en el taller i en el camp remoregen
càntics d'amor, himnes de pau!
¡Pas a la Nació
que avança en marcha triumfal!
Per a Tu la vega envia
la riquea que atesora,
i és la veu de l'aigua càntic d'alegria
acordat al ritme de guitarra mora.
Paladins de l'art t'ofrenen
ses victòries jagantines;
i als teus peus, Sultana,
tons jardins estenen
un tapís de murta i de roses fines.
Brinden fruites daurades
els paraisos de les riberes;
pengen les arracades
baix les arcades de les palmeres.
Sona la veu amada,
i en potentíssim, vibrant resò,
notes de nostra albada
canten les glòries de la Nació.
Valencians en peu alcem-se,
que nostra veu
la llum salude
d'un sol novell.
Tots baix els plecs de la nostra Senyera,
junts, i a una veu, germans vingau.
¡Ya en el taller i en el camp remoregen
càntics d'amor, himnes de pau!
¡Flamege en l'aire
nostra Senyera!
¡Glòria a la Pàtria!

¡Vixca Valéncia!
¡Lliure! ¡¡Lliure!! ¡¡¡Lliure!!!

83)
Cultura.

Front a una política cultural de cartó-pedra i obres faraòniques per a captar vots i quedar be de cara a la galeria, els actors polítics deuen retornar a les arraïls. Hem de començar per protegir el patrimoni històric i arquitectònic de les nostres localitats, detenint de forma més que urgent la sarajevisació dels cascs antics, que cauen lliteralment a trossos. Cal rehabilitar els edificis històrics –als que es pot donar un us públic o cultural– i els monuments i centres històrics, aixina com també otorgar una especial protecció llegal dels jaciments arqueològics i paleontològics de Valéncia. Es pot fer un més que lucratiu turisme sociocultural en rutes que passen per parcs arqueològics, per museus, centres històrics, etc.

Sobre les arts escèniques, la Generalitat deu impulsar el teatre valencià i en valencià. S'ha de retornar el teatre a les mans de l'iniciativa privada per a que torne a ser lo que fon. En Madrit, a on les companyies són privades, el teatre té més públic que el fútbol. Pero en Valéncia, a on impera un model públic, les sales estan buides. Per llei només podran fer teatre en el Regne companyies valencianes –més si cap si les funcions són en valencià–, aixina sembrarem les llavors d'una pròspera pedrera de dramaturcs, directors, actors i productors valencians. Deu haver un recolzament rotunt i exprés al teatre aficionat i al professional –en la construcció d'un Teatre Nacional Valencià–, a la dansa, als porritos i el mim.

També toca impulsar el cine i l'audiovisual valencians i les productores valencianes, aixina com la producció, difusió, exhibició i formació d'audiovisuals valencians, recolzar la faena de tècnics, directors, guionistes i autors, emetre tots els films i séries en versió original i subtitulats en valencià (en sales de cine i en la TV), i potenciar els festivals de cine. Tindre films en versió original no només ajudarà als telespectadors a familiarisar-se en l'anglés i parlar-lo a la llarga sino també a protegir l'indústria cinematogràfica nacional front a l'hegemonia de Hollywood. La Ciutat de les Arts Escèniques de Sagunt deu ser un referent en el teatre, i la Ciutat de la Llum d'Alacant els grans estudis de cine en Europa.

I en el tema de la música es deu recolzar la formació musical des de l'escola; els conservatoris públics; crear l'Orquesta del Regne de Valéncia[24;] colaborar en les bandes i societats musicals locals; aixina com impulsar la celebració del Dia de la Música Valenciana. RTVV retransmetrà concerts de bandes i orquestes valencianes, obres de teatre, radionoveles, etc. El Palau de la Música de Valéncia passarà a dir-se Palau Joaquim Rodrigo, en honor al compositor. Deu ser un centre elitiste a on acodixquen els millors tenors, òperes, orquestes i filharmòniques del món. Es crearà també el Palau Nino Bravo, en cabuda per a més de 20.000 persones per a concerts més comercials. Es donarà soport a l'edició de discs en el nostre idioma.

No menys importants són les arts plàstiques, un camp en el que encara cal progressar molt per a evitar la fuga d'artistes a uns atres països per falta d'oportunitats. És transcendental cultivar una gran pedrera de pintors, escultors

---

[24] L'Orquesta de la Comunitat Valenciana, creada en l'any 2006, deuria ser rebatejada com Orquesta del Regne de Valéncia.

i arquitectes, per eixemple fent que l'Estat Valencià otorgue tots els treballs que necessite a artistes valencians. Es poden rehabilitar els edificis públics per a fer tallers i centres de recursos artístics i també aumentar l'oferta i diversitat museística i de galeries d'art. Pero sobretot cal soterrar la grotesca degeneració que és l'art modern –de tan poc nivell que qualsevol és capaç de fer-lo– per a retornar als temps en que les grans obres d'art les plasmaven genis i no mediocres en ànsies de fama.

Font a la globalisació, toca lluitar per a evitar que Valéncia perga el seu lloc en el món. És importantíssim que la Generalitat recolze sense reserves el ric folclor valencià, en totes les seues riques festes i expressions. En un món globalisat com este en que l'únic folclor permés pareix ser el dels Estats Units, hem de remarcar les nostres tradicions, les quals poden ser ademés un atractiu turístic de primer orde. Finalment, per a incentivar la llectura en valencià es pot fer tots els anys una solemne llectura pública, colectiva i per torns del *Tirant lo Blanch* en el dia del llibre. L'acometran tant personages de la vida pública com ciutadans anònims en lo que constituïx un homenage a esta llengua dolça com la mel.

84)

Museu d'Art Valencià (MAV).

Una de les mostres més evidents de l'espoli –cultural, polític i econòmic– al qual mos someten els espanyols és que la gran majoria d'obres d'artistes valencians es troben en la Meseta. La Generalitat instarà a l'Estat Espanyol a procedir a una devolució, un retorn del nostre patrimoni. El proyecte principal és el Museu d'Art Valencià (MAV), a on figuraran totes les obres dels millors artistes i creadors valencians de tots els temps. Josep de Ribera, Joaquim Sorolla, Joan García Ripollés, Santi Calatrava... Només art valencià, tot l'art valencià. Serà el nostre Museu del Prado o el nostre Louvre particular. Per a dotar-lo de contingut es negociarà en l'Estat per a que l'obres d'artistes valencians que ara estan repartides per distints museus es traslladen al MAV i la titularitat de les mateixes es transferixca a la Generalitat. Estes obres no eixiran mai del Regne, ni tan sols en exposicions itinerants. Este Museu s'instalarà indefectiblement en Elig, en honor a la Dama del mateix nom que deu ser repatriada a esta ciutat i convertir-se en l'autèntica joya de la corona del MAV.

85)

Xàrcia de Museus.

L'oferta museística i cultural del Regne és important. A banda de la Ciutat de les Arts i les Ciències, contem en una xàrcia de museus i centres d'interés cultural prou interessant (Museu de Belles Arts Sant Pius V; Institut Valencià d'Art Modern (IVAM); Museu de Prehistòria i de les Cultures; Sala Parpalló; Museu Taurí; Museu Valencià de l'Ilustració i la Modernitat (MUVIM); Museu Valencià d'Art Natural; Museu d'Història de Valéncia; Institució Alfons el Magnànim; Jardins Zoològics; etc.). Pero eixa oferta deu ampliar-se i sobretot promoure en la societat una cultura d'anar al museu com la de britànics, francesos o argentins. Al MAV cal afegir una potent xàrcia de museus que complementarà l'oferta cultural i que es repartirà a lo llarc i ample de la nostra geografia. Es podria construir el Museu de l'Agricultura; el Museu del Valencianisme; el Museu de Prensa i Mijos de Comunicació; el Museu de Festes i Tradicions Valencianes; el Gran Museu de la Ciència; el

Museu dels Deports; el Museu de la Pilota Valenciana; el Museu de la Cultura Valenciana, etc.

86)
Retornar els documents valencians a Valéncia.

Una nació a la que han despullat de sa cultura és com una dòna que ha segut violada. I Valéncia és una nació nua, puix mos han despullat del gros del nostre patrimoni històric, artístic, archivístic, religiós i cultural que de fet es troba fòra de les nostres fronteres. És per això que reivindique el retorn de tot el patrimoni cultural valencià (obres d'art, documents, etc.). El cas més celebre és l'Archiu de la Guerra Civil de Salamanca, a on reposen documents privats confiscats per "just dret de conquista". Un atre cas paregut és l'Archiu de la Corona d'Aragó, en Barcelona, que conta en lligams valencians que deurien ser retornats a l'Archiu del Regne de Valéncia, especialment el *Llibre de Repartiments*. Ací el perill és encara major precisament per la tradició manipuladora del catalanofascisme que reescriu l'història. ¡O qué dir dels objectes religiosos i llitúrgics valencians en esglésies catalanes! No hi ha excusa per a no retornar els originals al Regne perque la pretesa unitat documental dels archius mai es pot trencar en una era en la que els documents poden digitalisar-se.

87)
Mijos de comunicació.

Televisió Valenciana (TVV), pel seu nivell de politisació i propaganda, recorda al NO-DO i és la pijor televisió d'Europa. Es crearà una Comissió Independent de la Comunicació que vigile el bon funcionament dels mijos públics i que garantise un model de pluralitat i d'imparcialitat. L'eixemple de professionalitat que toca imitar deu ser la BBC anglesa. A nivell radiofònic, a Ràdio 9 s'afegiran noves emissores públiques: Ràdio 9 Informació (en un model Tot Noticies com Radio 5); Radio 9 Cultura (temàtica cultural); Ràdio 9 Música (música comercial); Ràdio 9 Clàssica (música clàssica) i Ràdio 9 Rock (música de rock i metal). Estes ràdios deurien ser autofinançades per les insercions publicitàries. A banda, la Generalitat Valenciana posarà condicions administratives, polítiques i econòmiques favorables per a que les empreses aposten per crear mijos de comunicació privats d'espectre nacional –diaris, ràdios, televisions, etc.– i no sols es queden ancorats en el mercat provincial –cosa tan habitual en els diaris– i ajuden aixina a superar el provincianisme i vertebrar la nació.

88)
Llei d'identitat cultural.

L'hegemonia d'Estats Units és tan gran, no sols en el pla militar i polític sino també en el cultural, que s'ha apoderat per complet del mercat audiovisual mundial. Fa molts anys hi havia una certa interrelació cultural entre les euronacions. Per eixemple, podies vore algun que atre film d'Itàlia, sentir alguna cançó en francés, pero en l'actualitat sols hi ha productes audiovisuals anglosaxons i difícilment trobes alguna cosa del teu propi Estat. En les televisions i ràdios públiques, es procedirà a una major emissió de productes del país. Tant a nivell musical com cinematogràfic i audiovisual, es tendirà a marcar a través d'unes quotes els productes que caldria emetre. Les produccions anglosaxones no deurien superar el 25 o 30% del total i les valencianes no menys d'un 25%. El restant deuria ser material espanyol, europeu, llatinoamericà, etc. Una atra possibilitat és copiar la llei que aprovaren en Veneçuela, coneguda com la 1X1, que insta a totes les ràdios, tant les públiques com les privades, a posar una cançó d'autors veneçolans per cada cançó que s'emeta d'un artiste de fòra.

89)
Llei d'higiene mental.

Tots els programes que siguen de mal gust i que atenten contra l'inteligència humana deuen ser desterrats per llei de televisions i ràdios públiques valencianes. Una llei determinarà que els continguts de la televisió hauran de ser per a tots els públics i que temàtiques basades en la droga, violència, sexe, chafardeig... seran radicalment prohibides. O podran emetre's a partir de les dotze de la nit. Pero no abans. Els programes d'adivins, bruixos, macs i tarotistes seran desterrats de la pantalla i considerats delit d'estafa. La Generalitat podrà forçar a les emissores d'àmbit espanyol a haver d'oferir una programació alternativa per al territori valencià en la franja horària d'un programa del telefem. Es prohibiran totes les emissions dels canals catalans –TV3, Canal 33 i demés– al nostre país, mentres que no respecten les senyes d'identitat del nostre poble. Es crearà la figura del Defensor de l'Espectador i l'Oyent del Poble Valencià, que arreplegarà les queixes dels usuaris de la ràdio i la TV i s'incentivarà a fer una programació que siga rica en valors morals i principis ètics.

90)
En versió original.

Això de doblar les pel·lícules és poc menys que una rarea espanyola i un caprig franquiste. En Europa les pel·lícules se solen emetre en versió original i ab els subtítuls en l'idioma nacional. Açò provoca dos efectes beneficiosos. 1) Es protegix l'indústria cinematogràfica nacional de la competència de Hollywood: si els films en idioma estranger s'emeteren en versió original subtitulada, el públic es decantaria més pel producte autòcton, que resultaria més cómodo de vore. 2) Es deprenen idiomes. Els pobles nort i centroeuropeus dominen ademés de les respectives llengües unes atres com l'anglés, el francés o l'alemà a base d'escoltar pel·lícules i séries en versió original. En Holanda o en Escandinàvia inclús un agranador sap parlar en anglés. És per tot açò que proponc que els productes audiovisuals en idiomes estrangers (pel·lícules, documentals, teleséries...) siguen tots en versió original i s'acompanyen de subtítuls en valencià. Seria una forma de familiarisar-se en l'anglés i de reforçar el valencià, tenint en conte que el castellà ya el coneix tot lo món.

91)
L'improrrogable debat nacional sobre la crisis de l'Educació i l'Ensenyança.

L'Universitat pràcticament no ha evolucionat en els últims 2.000 anys. Es podrien substituir els tests i exàmens per treballs a l'estil de minitesis a on els alumnes pogueren raonar i aportar alguna cosa de sí mateixos. Crec que u sempre deprén més raonant que ensenyant-se de memòria un temari per a repetir-lo com un loro en la prova i oblidar tot als cinc minuts; prova, per cert, en la que el professor sol *sortejar* la nota sense a penes llegir-la. La mediocritat és generalisada en el món universitari valencià: el sectarisme d'algunes Universitats; els enchufismes que fan que un professor accedixca a una plaça de docent per ser l'amic de o militar en el partit polític X; el catalibanisme que ha fet de les Universitats dictadures intelectuals i centres d'adoctrinament ideològic; els programes acadèmics que constituïxen carreres massa llargues i que tenen assignatures absurdes que provoquen un divorç entre l'Universitat i lo que es demana en el mercat laboral; un excés de teoria i una falta de pràctica que fa que els alumnes, despuix de quatre o cinc durs anys, no sàpien res.

Tot lo anterior ve a resumir-se del següent modo: l'Universitat està dins d'una torre de marfil i deu eixir d'ella i posar els peus en terra. I ad això ajudaria una política d'excelència: d'alumnes i de professors. D'alumnes, permetent que només arribe a l'Universitat l'èlit intelectual. Per eixemple, fent que només el 30% de l'alumnat de bachillerat –el que millor nota tinga– puga arribar a fer una carrera. El 70% restant deuria posar-se a treballar o estudiar Formació Professional. Açò serviria per a corregir l'excés de llicenciats universitaris, que només ha servit per a devaluar els títuls i baixar els sòus. I una excelència també de professors. Resa la biologia que només tenen cervell els sers que realment el necessiten. Hi ha funcionaris que podrien fagocitar el seu puix no l'usen en absolut. Alguns professors, com són funcionaris i no els poden tirar del treball, no es molesten en investigar, ni en explicar be ni en actualisar un temari que es perpetua sense canvis durant més de trenta anys. Per això aquells docents que no se reciclen o que no vullguen treballar, deuen anar-se'n al carrer.

No té trellat un sistema educatiu que manté escolarisats fins als setze anys a alumnes que no tenen ganes d'estudiar res o que en la secundària se puga suspendre totes les assignatures i passar de curs. Hem de recuperar la disciplina, l'autoritat dels professors i impulsar en els alumnes els mèrits de l'esforç i el treball. Proponc que quan un alumne s'haja portat malament en classe X número de voltes (per eixemple 5) els pares reben una multa (per eixemple de cent euros). ¡S'acabaria l'indisciplina en les aules en 24 hores! Deurien fer cursos de dos velocitats: en una classe qui tinga ganes d'estudiar. En una atra qui vullga molestar o vinga a passar el temps. I també toca retornar a l'uniforme, que evita la problemàtica de la vestimenta vulgar, de la roba de marca o el vel islàmic. L'educació és un factor clau per al futur d'una nació; per això lo que fa falta és un pacte nacional dels partits majoritaris per a fer una gran Llei d'Educació, inspirada en la dels països ab millors resultats acadèmics, com ara Finlàndia, i que dita llei perdure i no siga canviada cada quatre anys.

El problema és que –com denuncia el professor Jean-Claude Michéa– no hi ha voluntat per a fer les coses be. És més, l'actual sistema educatiu està plantejat per a que els alumnes deprenguen poc i siguen lo més ignorants possible. En el futur al capital li faran falta millors professionals, pero en cantitat més reduïda. A la llarga, el sistema econòmic no podrà absorbir una massa de ciutadans ben preparats. L'escola de calitat és necessària, pero per a uns pocs. El restant del model educatiu és millor que no funcione. Qui passe per este model tindrà com a eixida la precarietat i el treball fem. Si se vol, se pot fer molt: invertir per a obtindre una educació excelent; acabar en els barracons prefabricats a on aparquen als alumnes; les escoles poden prestar debades els llibres als estudiants a canvi de que els cuiden i els tornen en bon estat a final de curs; se pot incentivar el càlcul a lo indi (sense calculadores) per a tindre grans matemàtics i informàtics o inculcar el gust per la llectura des de l'incitació i no des de l'imposició. Per poder, se pot fer molt. El problema és si se vol.

92)
Noves matèries i disciplines.
Algunes matèries que es podrien impartir en les aules: 1) Història de Valéncia. Soc partidari d'una assignatura que se centre exclusivament en l'història de la nostra nació. L'història del Regne és la gran desconeguda i com que no es pot amar allò que es desconeix, els alumnes deuen estudiar-la. 2) Llengua de signes. Deu conéixer-la tot lo món, per a facilitar la comunicació a les persones sortmudes. 3) Història de les Religions. Cal una separació d'iglésia i Estat i deixar la religió per a la parròquia. En son lloc, Història de les Religions, que tocarà budisme, hinduisme, judaisme, cristianisme, islam... Finalment, deuria introduir-se si no una matèria, alguna activitat acadèmica que instruïra als jóvens en Educació Vial; una atra que fomentara la correspondència en alumnes europeus, especialment anglosaxons per a practicar l'idioma anglés; i sobretot instruir en bons modals com dir de vosté als majors, tocar a la porta abans d'entrar, ser puntuals, respectar als atres, no ficar els peus damunt de les cadires ni damunt dels bancs del parc, tirar la brossa a la paperera, etc.

93)
Deport valencià.
A pesar de no contar en uns presuposts exorbitants, el deport valencià és prolífic en èxits. Bona prova són clubs com el Valéncia C.F., Llevant U.D femení, Valéncia C.B., el Ros Casares Valéncia, el Plages de Castelló, l'Orset L'Eliana, el Valéncia Terra i Mar, etc. Pero per a robustir l'activitat

física s'ha de potenciar molt més el deport de base, edificant més pavellons, polideportius i parcs a on els chiquets puguen practicar deport, perque és una vergonya que, per falta de lloc, hagen de jugar en mig del carrer. El nostre as en la mànega –la pilota valenciana– deu ser conreat des de les institucions, prensa i sobretot des de les aules, otorgant-li una gran preponderància dins de la matèria d'Educació Física. La construcció de nous trinquets, la rehabilitació dels antics i l'edificació de la Ciutat de la Pilota –verdadera catedral de tan magne deport– deuen ser objectius perentoris. Com també ho deu ser consolidar les Seleccions Valencianes de diferents disciplines, conseguir que disputen tornejos oficials representant oficialment al nostre Regne en el món baix la sobirania de la Real Senyera. En primària i secundària hi haurà una matèria dedicada específicament als escacs, els quals, per cert, en la seua versió moderna són d'orige valencià.

94)

L'iglésia valenciana.

Les distintes organisacions religioses de Valéncia han de promoure lo valencià. Els oficis religiosos i cults han d'oferir-se en valencià. I igual que les esglésies vasca i catalana tenen un compromís ab sa terra, també l'iglésia valenciana hauria de fer lo propi. Valéncia deu ser un Estat llaic a on es garantise la llibertat religiosa i de cult. I encara que tot lo món serà lliure per a triar alguna opció religiosa o no triar-ne cap, es deu incloure en els Furs un artícul no vinculant que reconega la gran importància dels valors cristians en el naiximent del nostre Regne i en l'història de la nostra pàtria. Una separació radical d'iglésia i Estat deu passar per passar la matèria de religió de les escoles públiques a les parròquies i per l'autofinançament de les entitats religioses, únic camí real per a ser realment independents i no ser fagocitades del poder polític. Es pot imitar als Estats Units d'Amèrica, país on l'Estat no aporta diners a les esglésies pero a canvi estes no paguen imposts pels seus locals i poden autofinançar-se en el delme i les contribucions que els feligresos vullguen fer.

95)
La Paraula de Deu en llengua valenciana.

L'arraïl de tots els problemes que patim els valencians és, en la meua opinió, la falta de fe. La falta de fe en Deu –del qual mos distanciem perillosament– i la falta de fe en mosatros com a poble, lo que fa que afloren els complexos d'inferioritat i que molts valencians vegen en espanyols o en catalans als amos als qui hem d'obedir i que mos diuen qué hem de fer, donada la nostra suposta incapacitat per a governar-mos i inclús per a existir. Encomiable és la traducció d'*Els Quatre Evangelis* que els pares Josep Alminyana i Lluís Alcon Edo feren pero, a pesar de les pressions i dels molts requisits i adversitats, necessitem una *Bíblia* en el nostre idioma –en el permís de les autoritats eclesials o sense ell– per a llegir la Paraula de Deu en valencià i estar més a prop d'Ell. De fet, la primera *Bíblia* traduïda a una llengua neollatina fon la versió al valencià de Bonifaci Ferrer de 1478. Ya va sent hora de dispondre d'una versió moderna, actual. Si orem a Deu, Pare Totpoderós, i tenim fe, el Senyor salvarà al poble valencià i li concedirà la llibertat que li cal.

96)

Un símbol identitari de Valéncia en el món.

És molt important que un país tinga un símbol que el diferencie, que li aporte una identitat, que el coloque en el mapa. I ademés, el monument, si realment és bo, catapulta a la ciutat a l'immortalitat i la fama mundial. Aixina, Nova York té la seua Estàtua de la Llibertat, Sao Paulo el Crist Redentor, Jerusalem el Mur dels Laments, París la Torre Eiffel, Londres el Big Ben, Roma el Coliseu o Pisa la seua Torre inclinada per citar uns eixemples. ¿Qué té Valéncia? Res. Com a màxim tenim el Micalet o la Ciutat de les Arts i les Ciències (CAC), pero com a símbol identitari en el món eixos no són prou. Tal volta hauríem de convocar un concurs mundial de cara a construir un gran símbol identitari en el Regne. A mi m'enchisa pensar en una escultura jagant de l'estil del Colós de Rodes. Potser del rei Jaume I. Potser en aigües del Port de Valéncia, com una figura colossal i titànica que dona la benvinguda a tots els visitants que arriben en barco o avió. El supersímbol patri fomentaria el turisme, atrauria inversions i seria un referent que mos situaria internacionalment en el mapa.

97)

El mur de la vergonya o El mur dels traïdors.

A lo llarc de l'història hi hagut diversos murs ignominiosos que han separat als sers humans. El més conegut és potser el de Berlin, encara que també hi ha d'atres igual de vergonyants com el que les tropes ocupants alauites decidiren construir en la colònia del Sàhara Occidental. Distint cas és el del Mur de les Lamentacions en Jerusalem, a on els judeus oren a Yahveh i recorden l'Holocaust. Ací, també mosatros patim l'ultrajant infàmia d'un mur que mos separa als valencians, el de la llengua, és este un mur invisible que mos dividix cada dia més, que mos separa, mos confronta, mos debilita i mos impedix tornar a ser un poble gran. El dia de demà haurem de construir-ne en alguna localitat valenciana un gran mur de la vergonya, que mos recorde a tots els valencians que un dia varem estar dividits i que mai més deuríem tornar a estar-ho. En ell podrien figurar els noms i llinages de tots els qui un dia decidiren traïcionar a la nostra pàtria: Joan Lerma, Eliseu Climent, Eduardo Zaplana, Joan Fuster, etcétera, per a que la gent els detestara fins a la fi del món.

98)
Valéncia, un referent científic mundial.
Si Valéncia vol ser una nació puntera deu apostar per la ciència. Valéncia deu convertir-se en u dels cervells del món, a l'estil d'Estats Units, Alemanya o Japó. La Generalitat deu destinar importants partides presupostaries a Investigació i Desenroll (I+D) i fer convenis de cooperació per a millorar la productivitat de les empreses. A banda de l'investigació en fins empresarials, deuen destinar-se molts diners a l'investigació científica i mèdica (en les Universitats, laboratoris, etc.), la qual deu anar acompanyada d'unes llegislacions permissives que llunt de posar obstàculs innecessaris, oferixquen les facilitats als investigadors per a poder realisar els seus experiments ab els únics llímits de la llei i de l'ètica. És cert que dir-ho és fàcil pero que obtindre diners per a fer d'açò alguna cosa més que una llegítima aspiració, no ho és tant. En qualsevol cas, destinar un 10% del total dels diners recaptats pel Pla de l'Hora Extra, supondria una quantitat monetària suficient per a assegurar

l'independència investigadora i convertir a Valéncia en un referent científic i tecnològic en el món.

Cal detindre la fuga de cervells a uns atres Estats per motius econòmics, científics o llegislatius. Una volta es detinga la fuga de cervells, cal donar el segon pas que és l'immigració de cervells; convéncer als grans científics i talents d'unes atres nacionalitats per a que treballen ací. Es podrien atraure científics ilustres en una oferta econòmica sucosa, en especial europeus i llatinoamericans. Caldria nacionalisar valencians al major número de científics estrangers possible, cosa que, atenent a la procedència de la mitat dels seus numerosos Premis Nobel, és practica habitual en Estats Units d'Amèrica. D'una atra banda, el doctor Farhand Sefidvash va propondre l'establiment d'un institut per a científics retirats, a on podrien treballar en els seus proyectes científics personals, possiblement en matèries que no han tingut l'opció de cobrir a lo llarc de les seues vides. Se'ls proveiria de despaig, servicis de secretariat i d'infraestructura, allojament, assistència mèdica i una remuneració. Se podria aprofitar així la matèria gris dels que estan jubilats pero continuen tenint molt a dir.

99)

Mecenage.

Hi hagué una época en la que els monarques tenien una Cort de nobles influents i poderosos. A voltes, si el rei era un home versat i cult acceptava a artistes i científics dins de la seua Cort, els mantenia garantisant-los un sòu a canvi de que els artistes es centraren única i exclusivament en explotar el seu talent, una volta assegurat el seu sustent. Potser és una idea massa romàntica, pero la Generalitat Valenciana, i especialment les fundacions privades, podrien recuperar el vell mecenage i donar un salari a grans intelectuals (científics, artistes, escritors, etc.) per a que es dediquen únicament al seu talent, com a mínim a aquells que no poden viure del seu treball i l'han de compatibilisar en un atre per a viure. Els agraciats serien de gran talent i la paga seria a canvi de resultats, de que treballen en sa obra. No es tracta d'un salari per a retirar-se, anar-se'n de vacacions i no fer res, és clar, ni tampoc per a fagocitar-los i fer-ne als intelectuals afins a un ideari polític. Es tracta de finançar proyectes i objectius.

D'una atra banda, cal una Llei de Mecenage que regule i fomente tres modalitats diferents: les donacions (en diners o en espècie), les cessions en us i els convenis de colaboració empresarial. També es contemplaria el micromecenage o *crowfunding*. Les quantitats donades deurien, en tots els casos, desgravar el 100% del seu import a l'hora de tributar a Facenda. Es fixarien unes quantitats llímits per a evitar que ciutadans o empreses no paguen imposts.

100)
Noms valencians.
Una cosa que em molesta profundament és que em canvien el nom, que me'l castellanisen. Perque en este país, com et digues Ferran i no t'impongues una mica, depén en quins ambients, et poden acabar dient Fernando. En canvi, esta mateixa gent a la que tant els agrada espanyolisar els noms, en acabant parla molt tranquilament de Michael Jordan o de Bill Clinton en lloc de Miguel Jordan o Guillermo Clinton. ¿Qué passa? ¿Només és poden traduir els noms valencians? Els que tinguen un nom en valencià deuen exigir que se'ls faça respectar i lluitar per que no s'adultere i traduïxca el seu nom.

També cal promoure la valencianisació dels noms d'aquells ciutadans que els tinguen en espanyol. No són pocs els valencians que havent segut batejats com Pablo, Jorge o Juan han acabat convertint-se en Pau, Jordi o Joan. Els noms són molt importants puix aporten una personalitat i una coherència que mos acompanyen tota la vida. Des de la Generalitat cal animar a la població a que inscriga els seus noms en llengua valenciana a nivell administratiu i oficial i lo que resulta més important, que els usuaris els facen servir dia a dia en els amics, familiars, companyers, coneguts, etc.

I ademés, sense que siga un perjuí per als qui porten el seu nom en espanyol, la Generalitat deu promoure que els bebés que naixquen en un futur tinguen, a ser possible, un nom en llengua valenciana. Els pares deurien posar noms ben valencians als seus fills: Joan, Ampar, Ausias, Jordi, Josep, Tirant, Eulàlia, Vicent, Vicent Ferrer, etc. Estes tres mides (exigir respecte per als noms en llengua valenciana, valencianisar (de forma voluntària) els noms que estiguen en castellà i posar noms ben valencians als fills que naixquen en un futur) serviran per a reforçar l'identitat del nostre gran poble.

Josué Ferrer.
En Alzira, Valéncia, octubre de 2002 a decembre de 2003.
Revisat, corregit i actualisat en juliol i agost de 2009.

BIBLIOGRAFIA

Llibres.

-Barberà, Faustí. *De regionalisme i valentinicultura (1902)*. L'Oronella. Valéncia, 2002.

-Calpe, Àngel. *La Guerra Insidiosa. El Valencianisme irresolut*. Lo Rat Penat. Valéncia, 1995.

-Del Real Alcalà, J. Alberto. *Estado Cosmopolita y Estado nacional: I.Kant VS F. Meinecke*. Biblioteca Jurídica Virtual del Instituto de Investigaciones Jurídicas de la UNAM. www.juridicas.unam.mx

-Ferrer, Josué. *L'Estat Valencià*. Edicions Mosseguello. Burriana, 2009.

-Fontelles, Antoni. *Societat, Ciencia i Idioma Valencià*. Lo Rat Penat. Valéncia, 1997.

-Heineken, Alfred. *The United States of Europe (a Eurotopia?)*. Amsterdamse Stichting voor de Historische Wetenschap. Amsterdam, 1992.

-Huguet i Breva, Gaetà. *Orientacions valencianes i atres texts*. Gom Llibres. Sueca, 2009.

-Kohr, Leopold. *The breakdown of nations*. Green Books. Totnes (Devon, Anglaterra), 2012.

-Lanuza, Chimo. *Valencià ¿llengua o dialecte?* Lo Rat Penat. Valéncia, 1994.

-Lanuza, Chimo. *Socioobstaculs de la llengua valenciana*. Acció Bibliogràfica Valenciana. Valéncia, 2001.

-Martí i Matias, Miquel Ramon. *Visigodos, Hispano-romamos y bizantimos en la zona valenciana en el siglo VI (España)*. BAR Publishing. Oxford, 2001.

-Martí i Matias, Miquel Ramon. *Una fundación de Valencia (Hispania). Antítesis de la tesis actual*. BAR Publishing. Oxford, 2005.

-Meinecke, Friedrich. *Cosmopolitanism and the National State*. Princeton University Press. Princeton, New Jersey, 1970.

-Michéa, Jean-Claude. *La escuela de la ignorancia*. Acuarela Libros/Machado. Boadilla del Monte, Madrid, 2002.

-Recio, Carles. *De Nación Valenciana*. Confluència Valenciana. Valéncia, 1999.

-Recio, Carles. *Josep Maria Bayarri. El nacionalismo valenciano*. Ajuntament de Valéncia. Valéncia, 2006.

-Trullenque, Rafel. *Nacionalisme Valencià (1915)*. Gom Llibres. Sueca, 2006.

Prensa.
-Alemán, G. *El número de ciudadamos que habla valenciano en la Comunidad, estancado desde hace 19 años. Las Provincias*. 25-2-2005.

-Europa Press. *Casi el 65% de los valencianos opina que su lengua es distinta al catalán, según una encuesta del CIS. La Vanguardia*. 9-12-2004.

-Redacción. *El 63% de los votantes del PSPV cree que catalán y valenciano son lenguas distintas, según el CIS. Las Provincias*. 10-12-2004.

-*Lletraferit.*

Internet.
www.elmundo.es
www.elpais.com
www.elpalleter.com
www.ine.es
www.lasprovincias.es
www.lavanguardia.es

www.levante-emv.com
www.libertaddigital.com
www.minutodigital.com
www.racv.es
www.strangemaps.wordpress.com
www.uiquipedia.org
www.valenciafreedom.com
www.valenciahui.com
www.wikipedia.org

www.ingramcontent.com/pod-product-compliance
Lightning Source LLC
Chambersburg PA
CBHW051042250726
48656CB00001B/100